일본 민속과 과학 속의
테크노-토테미즘

지진 메기 연합

■ 이 저서는 인천대학교 2021년도 자체연구비(인문 연구촉진 지원사업) 지원에
의하여 연구되었음.

일본 민속과 과학 속의 테크노-토테미즘

지진
메기
연합

이강원 지음

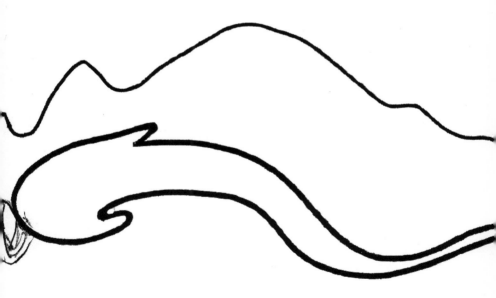

學古房

contents

서문

이 책은 일본의 기술과학 실천에서 기술을 매개로 과학과 토테미즘이 공존하면서도 큰 갈등 없이 협력하고 있는 모습을 그리고 있다. '근대인'은 토테미즘과 애니미즘과 같은 주술과 다원종교들을 과학에서 배제하기 위한 프로젝트를 공유하고 있는 자들이다. 그런데 이 책은 토테미즘과 자연과학의 공존에 관해 이야기하고 있으며, 이 둘을 매개하는 기술에 초점을 맞추고 있다. 즉, 근대인과 다른 방식으로 세계를 기술하려는 시도라고도 할 수 있다.

그래서 이 책은 근대적 이분법 대신 테크노-토테미즘을 통해서 과학적 실천 속에서 다양한 세계상들이 부분적으로 연결되어 있음을 보여준다. 이러한 특징이 서구의 근대 과학에는 없었는지, 일본 과학기술의 국지적 사례인지, 그리고 과학과 다원종교의 국지적 연결이 다른 지역에서는 없는지, 이러한 국지적 연결이 현실 세계의 문제를 해결하는 데 어떤 도움이 될 수 있는지에 대한 추가적인 논의를 위해 이 책이 하나의 디딤돌이 되었으면 한다.

필자는 이미 출판된 두 편의 지진-메기 연합에 관한 논문을 재구성해서 이 책을 썼다. 두 논문은 다음과 같다.

이강원, 2016, "메기와 테크노-토테미즘: 지진유발자에서 지진예지자로", 한국문화인류학 49(1): 197-234. (I, II, III장)

이강원, 2017, "디지털 메기와 기술 의례: 일본의 긴급지진속보를 통한 실험적 제의(祭儀)", 한국문화인류학 50(1): 47-91. (I, IV, V장)

PART

I

지진 메기 연합

1. 동물을 따라가는 모험

 2009년 여름, 일본에서 한 지진학자의 연구실을 방문할 때마다 나는 메기가 그려진 노렌(ノレン)을 두 손으로 거두며 문을 열었다. 이때 처음으로 메기와 지진의 관계를 어렴풋이 느꼈다.

 참여관찰을 하러 찾아간 지진 관측소에서도 나는 메기를 발견했다. 관측소의 벽에는 일본지진학회에서 발간한 지진력(地震曆)이 걸려 있었다. 획기적인 발견에 이바지한 지진계와 그 지진계를 만든 선배 지진학자의 사진, 고베대지진의 피해 학생들이 지역의 부흥을 기원하며 그린 그림이 실려 있었다. 그리고 이 그림들과 함께 3, 5, 6, 9, 12월의 달력에는 메기 그림이 자리 잡고 있었다. 신들과 함께 술을 마시거나, 바위에 깔려 있거나, 혹은 사람들에게 두들겨 맞고 구워져 먹히는 메기들이 그림 속에 있었다.

 학회에 참석한 지진학자의 발표에서도 메기는 느닷없이 등장했다. 지진학자는 심층 지각의 한 지점에 응력[stress]이 쌓여 위험해졌다고 설명했다. 그리고 그 지점을 "지진의 소굴"

이라고 불렀다. 언젠가 그곳에서 지진이 일어날 것이며, 그 소굴에 웅크리고 있는 놈이 앞으로 소동을 일으킬지도 모르는 메기라는 점이 발표의 맥락 속에서 드러났다. 이후에도 나는 일본 방재과학 현장의 여러곳에서 몇 번이고 메기와 마주쳤다.

일본에서 메기는 속담, 민간신앙, 주술, 민속지식 속에서 지진과 연관된다. 이런 메기를 관측소와 지진학회에서 마주치면서 나는 약간의 이질감과 당혹감을 느끼고 있었다. 나는 지진학자와 지진계가 있는 연구실을 방문하고 그래프와 수치로 가득한 문헌들을 읽으면서 과학기술을 매개로 지진이 구성되는 과정을 연구하고 있었다. 그러면서 내가 민속과 주술에서 멀리 떨어진 과학기술의 중심부에 들어와 있다고 생각했다. 그런데 메기는 이렇게 과학 현장의 중심에서 빈번히 나타났던 것이다. 나는 언젠가 방향을 바꿔 현지의 여기저기서 출몰했던 메기를 따라가 보겠다는 마음을 먹었다. 토끼를 따라간 소녀 엘리스처럼, 나는 메기를 따라가 보기로 했다. 지진계와 그래프를 따라가며 도달하는 곳에서와 달리, 메기를 따라가며 도달하는 곳에서는 지진도 과학도 다른 모습을 하고 있으리라 예감했기 때문이다.

이 책은 이렇게 메기를 따라가서 얻은 결과물이다. '메기를 따라갔다'라고 표현하고 있지만, 사실 내가 따라간 메기는 하나의 존재라고 할 수 없었다. '메기'라는 하나의 이름으로 불려도 서로 다른 시공간에서 다른 방식으로 존재하는 다수의

'메기들'로 변신했다고 말하는 것이 정확하다 하겠다. 메기는 신화 속에 다른 신들과 함께 등장하는가 하면, 지진의 전조 현상을 증언하는 어부들의 구술 속으로 옮겨 갔다가, 실험실의 수조에 나타나서, 지진 예측에 관한 학술 논문의 그래프로 변신하고, 다시 지진 발생을 알리는 첨단 네트워크 단말기의 표면에서 환히 웃으며 그 모습을 드러냈다. 이 변신 메기들은 모두 지진과 연관되어 있다는 점에서 부분적으로 연결되어 있었고 지진은 내가 메기의 변신을 따라가는 데 길잡이가 되어 주었다.

이렇게 메기는 신화에서 실험실로, 실험실에서 장치로, 장치에서 마스코트로 변신하고 이동하면서 노닐 듯이 헤엄치고 [游泳] 있었다. 메기의 변신과 이동은 민속과 과학을 나누는 근대의 구획을 거스르는 분탕질인가, 아니면 삶을 향유하는 존재론적 유영인가? 나는 메기의 편에서 메기와 동행했다. 그래서 메기의 헤엄을 경계에 혼동을 일으키는 분탕질로 보기보다 자신의 삶을 향유하는 존재론적 유영으로 기술하기로 했다. 지진과 관련해서 메기를 민속지식 속에 가두지 않고, 또한 단순히 지진학자의 마스코트에 국한하지 않으면서, 메기의 자유로운 유영을 그대로 따라가 그 움직임을 그리는 것을 통해서 우리 역시 근대의 구획에서 해방된 삶의 양식을 상상하고 창조할 수 있다.

이 책에서 필자는 일본에서 널리 통용되는 메기와 지진 사이의 연상 작용을 추적한다. 그럼으로써 이러한 연상을 가능하게 하는 '메기와 지진의 결합체'를 기술하는 것을 목적으로 한다. 이 결합체는 여러 방식으로 결합할 뿐 아니라 여러 영역을 가로지른다. 그래서 지진과 연합한 메기의 이동과 변신을 기술하는 이 연구는 종교와 과학 그리고 기술과 사회로 구획된 '근대의' 재현 방식에 포획되지 않는 사물의 복합 생태계를 그려내는 작업이라고 할 수 있다.

2. 명제의 유혹

　나는 메기와 지진의 연합을 가능하게 하는 시작점이자 종결점으로서 명제(命題)에 초점을 맞출 것이다. 명제는 어떤 물음[題]을 통해 도달해야 할 목표물[命]이다. 그래서 명제는 '문제'에서 시작해서 '목표 사물'을 이루는 과정으로 정의될 수 있다. 문제의 동물인 메기를 따라가는 것으로 시작해서 메기 지진 연합이 결성되는 과정에서 메기의 존재 방식이 드러나게 된다.

　일반적으로 철학에서 말하는 명제는 진술을 의미한다. 진술은 '참'이거나 '거짓'이다. 진술은 진위 판단을 위해서 주어진다. 그래서 진술 다음에는 그 진술이 참인지 거짓인지를 따지는 싸움[論爭]이 벌어진다. 이 전쟁에 참전하는 진영들은 서로 다른 논리로 무장하고 각각의 영토를 주장한다. 다양성의 논리로 무장한 '문화'라는 영토와 제일성의 논리로 무장한 '자연'이라는 영토가 이 전쟁에 자주 참전하는 두 진영이다. 전자에서는 인간이, 후자에서는 물질이 전투원으로 동원된다. '믿음'을 추구하는 종교와 '사실'을 발견하려는 과학 역시 이 전쟁의 참전국들이다. 전자에서는 신이, 후자에서는 법칙이 동원된다. 각각의 영토에서 전투원들의 일자리와 복지를 확보하기 위한 정교한 통치가 행해진다. 이러한 적대적 풍경에서 문제의 동물인 메기의 유영은 양 진영의 엄중한 내부 단속을 뿌리치는 분탕질로 보일 수밖에 없다.

　이에 반해서, 명제를 '물음을 통해 도달하려는 사물'로 정의하면 전혀 다른 풍경이 그려진다. 명제는 현실 세계에 실현되어 있지 않으나 장차 실현될 수도 있는 것으로서 '가능한 사건이나 사물'이다. 그래서 명제는 명제를 접한 자에게 그 가능성을 "느끼도록 유혹"한다(화이트헤드 2005: 90). 사업상의 제안과 결혼을 위한 프러포즈가 이 '가능한 사건과 사물'을 느끼도록 하는 유혹의 흔한 예이다. 우리는 제안에 이끌리거나 제안을 물리칠 수 있지만, 그 참과 거짓을 판단할 수는 없다. 그리고 명제가 말해지는 순간, 그 유혹 속에는 이미 어떤 '질서'가 전제된다는 점에 주목할 필요가 있다. 사업상의 제안은 참여하는 사업 주체들이 공동의 이익을 얻을 수 있다는 전제를 포함한다. 결혼을 위한 프러포즈 역시 결혼제도라고 하는 계약을 전제하고 있다. 그래서 명제를 받아들인다는 것은 가능한 사건에 대한 느낌과 더불어 그 사건이 일어날 수밖에 없는 질서를 받아들인다는 것을 의미한다(문창옥 2000). 이처럼 명제는 제안하는 자와 제안을 받아들이는 자가 동일한 질서를 공유하면서 가능한 사건을 실현시키기 위한 연합을 이루도록 한다.

하지만, 문제는 질서를 전제하고 있는 명제가 그 질서에 대해 직접적으로 말할 수 없다는 데서 복잡해진다. 하나의 명제에 전제되어 있는 것은 또 다른 명제에 의해서만 파악할 수 있기 때문이다. 마찬가지로 명제의 의미 역시 질서와 마찬가지로 다른 명제에 의해서만 파악될 수 있다. 명제를 말할 때 의미가 전제되어야 하지만, 명제는 그 스스로 그 자신의 의미를 말하지 못한다. 그래서 명제는 '다른 명제'에 의해서만, 그리고 이 '다른 명제'는 '또 다른 명제'에 의해서만 그 진정한 의미가 파악될 수 있다. 사업상 제안이 전제하고 있는 '공통의 이익'이 도대체 무슨 의미인지에 대해 문제를 제기하는 또 다른 명제, 프러포즈가 전제하고 있는 '계약'이 정확히 어떤 의미에서의 계약을 말하는지에 대해 또 다른 명제가 언급되길 기다리고 있다. 프러포즈가 전제하고 있는 계약이 후속하는 명제에서 '구속'과 같이 부정적인 의미로 언급되면 아무리 멋진 프러포즈도 살아남을 수 없다. 그래서 하나의 명제의 의미는 다른 명제에 의해 긍정적으로 파악되는가 아니면 부정적으로 파악되는가에 따라서 그 운명이 결정된다. 이어지는 명제들이 유사한 의미로 수렴하는가, 아니면 명제가 더해질 때마다 다른 의미로 분기하는가에 따라서 명제의 의미가 결정되거나 결정되지 못한다. 물음으로 시작된 명제는 이 무한히 거슬러 올라가는 또 다른 명제에 의한 파악, 즉 "전제된 것의 무한 소급"(들뢰즈 1999: 85) 때문에 간단히 목표 사물에 도달하기가 쉽지 않다. 이러한 명제의 증식은 명제의 긍정과 부정을 끊임없이 유보한다는 점에서 목표가 되는 사물의 의미를 결정하는 것을 조심스럽게 한다. 의미 수렴에 대한 유보를 통해 우리는 '명제를 증식함으로써 의미를 돌볼 수 있다'는 의미의 윤리학을 얻을 수 있다.

진위 판단 대신, 유혹의 미학과 돌봄의 윤리로 명제의 기능을 전환함으로써, 비로소 전쟁과 적대로 얼룩진 근대의 구획들에 "평화의 협상을 제안"(Latour 2004: 83)할 수 있다. 우리는 메기의 유혹에 이끌려 모여든 사람과 사물의 집합에서 여러 질서와 의미를 돌보며 메기의 생태를 복합적으로 기술할 수 있다. 사물, 사람, 신은 각각 과학, 사회, 종교라는 영토에 복무하기보다는 다양한 방식으로 연합함으로써 메기·지진 결합체를 구성하는 데 참여할 수 있게 된다. 무한증식하는 명제를 통해서 더해지는 수많은 사람, 사물, 신의 연합이 메기의 의미를 새롭게 하고 메기는 그때 마다 연장(延長)된다. '유혹의 미학'과 '돌봄의 윤리' 그리고 마지막으로 제시된 '타협의 정치'를 통해서 명제는 그것이 전제하고 있는 질서에 다원성을 확보하고 그만큼 의미를 풍부하게 할 수 있다.

이렇게 유혹, 돌봄, 협상의 과정에서 메기는 종교의 '토템' 혹은 과학의 '대상'이라는 '주어진 자리'에서 '도망' 나가 자신만의 독특한 서식지를 개발하며 '변신'을 할 수 있게 된다. 이 변신과 이동은 "걷잡을 수 없는 이끌림"에 의해서 "자리바꿈을 통해 일어나는", "연속적인 생성 작용"이라고 할 수 있다(Shaviro 2014: 53-54). 장소(곳)를 이동하고, 사건(일)이 발생하고, 사물(것)이 더해지면서 메기의 생태는 복합적인 동시에 생성을 그치지 않는 "비평형"(이선화 2015: 11-14) 속에 있게 될 것이다.

3. 테크노-토테미즘

유혹하고 돌보고 협상하는 과정에서 나는 분위기를 부드럽게 해줄 "외교 용어"(Stengers 2005 2011: 375) 하나를 제시한다. 이 용어는 기존의 구획 어느 곳에도 속하지 않으면서도 명제가 증식하는 데 걸림돌이 되지 않는 어법을 지녀야 한다. 이 책의 제목에 있는 '테크노-토테미즘'이 그것이다. 하이픈을 사용하면, '테크네'와 '토템'이라는 기호가 놓쳐 버린 사물 그 자체의 존재에 대해 생각하게 해준다. 하이픈은 두 기호의 한계를 드러내는 동시에, 두 기호를 연합해서 사물에 다가갈 수 있는 상상력과 모험심을 길러준다. 그래서 이 용어는 메기라는 문제를 중심으로 과학과 종교, 기술과 사회 중 하나에 복무했던 사람, 사물, 신이 그 자체로서 협상 테이블에 모여들도록 하는 '매개어'이다. 기존의 구획으로 메기가 분단되는 재난을 막고, 명제가 품고 있는 가능성을 돌보기 위해서는 메기에 대해 조심스럽게 말할 필요가 있다.

나는 토템은 종교 혹은 주술의 영역으로, 테크네는 과학의 영역으로, 이렇게 둘로 나누고 이 둘을 단순히 접붙여 놓기 위해서 테크노-토테미즘이란 말을 쓰는 것은 아니다. 종교에서도 과학에서도 기술과 토템이 상이한 방식으로 결합함으로써 생성되는 존재들을 기술하기 위해 고안한 용어이다.

테크노-토테미즘에 따르면, 신화적인 지진유발자(토템)로서의 메기가 그려지기까지 에도시대의 판화 제작 기술(테크네)이 동원된다. 이 기술과 토템의 연합의 새로운 방식이 신화적 메기 그림의 존재를 구성한다. 마찬가지로 과학자들이 고안한 여러 장치(테크네)를 통해서 '메기가 지진을 예지한다'(토템)는 사실이 구성된다. 장치와 메기의 새로운 연합을 통해서 메기는 지진예지자가 된다. 신화 속의 메기도, 실험실 속의 메기도 이렇게 테크노-토테미즘을 통해 기술될 수 있다.

이상의 논의를 출발점으로 이 책은 메기와 지진을 품고 있는 네 명제를 중심으로 전개된다.

첫 번째 명제는 "메기가 날뛰면 지진이 일어난다."이다. 이 명제는 1855년 안세이 지진(安政地震) 이후 등장한 메기 그림(鯰絵)의 대량생산과 함께 유명해졌다. 나는 4절과 5절에서 이 명제가 대지진 이후 수많은 그림, 그림 구입자, 유통, 제작 기술, 지진 회피의 주술, 신, 사회변혁의 꿈을 끌어모으는 강력한 유혹이었다는 점을 제시할 것이다. 이를 위해서, 메기 그림, 메기 그림을 다룬 민속학, 사회사, 종교학 연구를 자료로 메기를 중심으로 전개된 명제의 증식 과정을 따라간다.

두 번째 명제는 "메기의 이상 행동은 지진의 전조이다"이다. 1980년대부터 일본산 메기가 어느 정도의 전기감지능력

I. 지진 메기 연합

을 보유하고 있는지를 실험하는 연구가 진행되었다. 그와 동시에, 1976년부터 16년간 메기의 진동감지능력과 지진의 관계에 관한 연구가 도쿄도수산시험장에서 진행되었다. 두 번째 명제는 실험실, 연구비, 논문, 예지를 실현하는 '일본인의 꿈', 동물학자들, 신경생리학자들, 지진학자들, 도쿄도 당국 등 여러 사람과 사물을 끌어모으는 유혹이었다. 두 번째 명제를 다루는 6절은 실험을 통해 메기와 연합하는 여러 이미지, 장치, 물질, 집단의 변천을 기술하고 메기·지진 결합체에 전제된 여러 의미 간의 협상 과정을 기술한다.

다음으로 7절에서는 두 명제의 관계에 대한 논의로 이어진다. 메기가 지진유발자에서 지진예지자로 '크게' 변신하는 과정의 우연성, 그 우연성을 통해서 지진·메기의 결합체에 더해지는 매기의 역량과 존재 방식을 살펴본다. 여기서 두 명제 사이에는 전제된 질서의 차이가 드러나고 있지만, 동시에 두 질서가 타협을 이룰 가능성도 포함하고 있음을 제시할 것이다. 지진유발자 메기(첫 번째 명제)를 '신'이라고 부를 수 있다면, 지진예지자 메기(두 번째 명제) 역시 '신'이 될 수 있는지에 대한 물음에서 시작해서, 종교와 과학의 관계에 대한 논의로 나아간다.

세 번째 명제는 "메기는 흔들림이 오기 전에 안다."이다. 이 명제는 2007년 일본에서 긴급지진속보 서비스가 개시되면서 지진과 메기의 새로운 연합을 매개하며 등장했다. 1995년 고베대지진은 지진예지가 당시로서는 불가능하다는 결론을 내리게 했다. 2011년 동일본대진재와 2016년 구마모토지진은 장기적 지진동 예측 역시 피해를 줄이는 데 도움이 되지 않는 다는 비판을 불러왔다. 이러한 좌절과 절망 속에서 긴급지진 속보라는 제안은 새로운 느낌[感]에 대한 유혹으로서 일본 내의 수많은 사람과 사물을 끌어들이고 있다(8절, 9절).

"메기는 흔들림이 오기 전에 안다"는 가능성을 느끼는 사람과 사물은 '정확함과 신속함의 거래'(trade-off)라고 하는 새로운 세계상을 공유한다. 이 세계상에 따라 관측점, 연구소, 기상청, 철도, 공장, 학교, 가정집, 스마트폰, 긴급지진속보사용자협회 등 관련 집단들이 장치를 매개로 서로 감응(感應)하는 정동(情動)의 연합을 이룰 수 있게 된다. 그럼으로써 디지털 메기의 서식지는 단순히 하나의 장치에 그치지 않고 연합을 이룬 네트워크의 모든 곳에 펼쳐지게 된다(10절).

마지막으로, 이 연구가 다루는 네 번째 명제는 "메기는 세상을 바로잡는다"이다. 세상을 바로잡는 과정은 의례를 통한 반복과 반복을 통해 생산되는 차이를 통해서이다. 나는 이 과정을 '기술 의례'라고 부른다. 지진이 일어날 때마다 긴급지진속보가 발송된다. 긴급지진속보는 집단들이 행하는 형식화를 통해서 한 장소에서 다른 장소로 이동[情報]될 수 있다. 그리고 이러한 긴급한 정보가 초래하는 감정(感情)을 통제하는 행위규범을 공유함으로써 심적 부담을 분산한다. 지진이 일어날 때마다 이러한 형식화와 이동 그리고 부담의 분배는 '의례히' 반복된다. 이 의례적 기술을 통해서 정보는 신속하면서도 정확해질 것이 기대된다. 그리고 감정과 행동은 침착해지면서도 기민해질 것이 기대된다(12절).

디지털 메기를 매개로 한 기술 의례에서는 실험이 실증적 실험에 그치지 않고 새로운 세상을 시험하는 실험이 된다. 또한 제의가 기존의 질서를 확인하는 데 머물지 않고, 새로운 질서를 실험하는 제의가 된다. 그래서 기술 의례에서는 실험과 제의를 함께 생각해 볼 필요가 있다. '실험적 제의'는 기술 의례를 통해 새로운 세계를 창조하는 과정이라 할 수 있다(13절). 필자와 같은 인류학자는 이러한 창조적 전진을 기술함으로써 인류의 생존 가능성을 돌보는 역할을 맡는다. 그리고 가능성에 따라 변신하는 인류의 잠재력을 찬양한다. '가능성을 돌보고', '잠재력을 찬양하는' 것이 필자가 생각하는 민족지 기술의 이론적·실천적 의의이다. 인류학자는 '단순한' 기술만으로 이런 일을 할 수 있다.

II

지진유발자로서의 메기

4. 첫 번째 명제:
"메기가 날뛰면 지진이 일어난다"

    일본에서 메기는 지진을 연상시킨다. 일본의 속담에서 세상에서 가장 무서운 것으로 꼽히는 네 가지가 있다. 지진(地震), 천둥(雷), 화재(火事), 그리고 아버지, 상사, 혹은 꼰대를 일컫는 '오야지'(親父)이다. 일본의 재난 연구자들은 오야지가 태풍을 의미하는 '오오야마지'(大山嵐)가 변형된 것으로 해석하기도 한다(岡田 2009). 속담은 지진, 번개, 화재로 이어지는 일본의 주요 재난을 열거하다가 마지막에 태풍 대신 오야지를 등장시킴으로써 자연재해만큼 두려워할 만한 인간관계의 어려움을 풍자하고 있다. 주목할 만한 것은 이 속담 속의 재난들이 모여 대화를 나누는 그림에서 지진은 메기의 모습을 하고 있다는 것이다. 다른 인물과 달리 지진만은 지진의 모습이라고 흔히 생각되는 것과는 완전히 동떨어져 있는 동물로 그려져 있음을 알 수 있다(그림 1).

    "메기가 날뛰면 지진이 일어난다."(なまずが暴れると地震が起こる)란 말은 속설로 전해져 왔다. 누가 그 말을 처음

Ⅱ. 지진유발자로서의 메기

[그림 1] 지진, 천둥, 화재, 오야지(메기 그림 171)(宮田·高田 1995: 344)

으로 말했는지, 어떤 문헌에서 처음으로 그 말이 나타났는지 알 수 없다. 하지만, 이 명제가 여러 그림과 문헌 속에서 여러 요소와 결합하면서 메기-지진 연합의 강도를 높여왔다는 점은 분명하다. 나는 메기와 지진이 어떻게 관계를 맺게 되었는지 그 기원을 찾아 거슬러 올라가는 작업에는 관심이 없다.[1] 그보다는, 위의 메기 명제가 어떤 곳으로 이동해서 어떤 것을 만들어내고 어떤 일을 일으켰는지 따라가는 데 집중한다. 이 추적을 통해서 지진유발자 메기의 유혹에 이끌린 사람, 사물, 신의 집합의 규모를 가늠해 볼 수 있다.

....

1) 지진-메기 연합의 기원에 대해서는 도요토미 히데요시의 서신과 마츠오 바쇼의 하이쿠(俳句) 등을 분석한 박병도(2012b)의 연구를 볼 것.

지진유발자로서의 메기가 존재감을 드러낸 것은 네덜란드의 민속학자 코넬리우스 아우베한트(Cornelius Ouwehand)가 메기 그림을 분석해서 책을 출판한 시점부터이다.[2] 메기 그림은 1855년 안세이에도 지진 이후 크게 유행을 했지만,[3] 이 서구 민속학자가 1964년 책을 출판할 때까지는 일상에서도 학술에서도 큰 주목을 받지 못했다. 그의 책이 출판되면서 '불법 출판물'에 지나지 않았던 메기 그림은 '일본민속신앙'의 구조를 드러내는 상징으로서 '일본문화'의 목록 중 하나로 자리 잡게 된다. 메기 그림을 부르는 '錦絵·狂絵·戯画·戯作狂画·地震絵'와 같은 다양한 용어들도 책의 출판과 함께 말 그대로 메기 그림을 뜻하는 '나마즈에'로 통일되었다(박병도 2012b).

　　아우베한트(2013: 97-98)는 메기 그림의 전반적인 성격을

....

2) Ouwehand, C., 1964, *Namazu-e and Their Themes: An Inter-pretative Approach to Some Aspects of Japanese Folk Religion*, E.J. Brill.

3) 1885년 음력 10월 2일 현재의 도쿄인 에도에서 일어난 안세이 지진은 진도 7로 인구 100만의 도시에 사망자만 1만 명으로 추정되는 큰 피해를 냈다. 지진 이후 3일이 지나 메기 그림이 시판되고 크게 유행하기 시작해서 현존하는 것만으로 200여종에 이른다. 지진피해의 정보를 전달하고, 피해를 회피하는 주술 기능을 포함하는 동시에, 사회변혁의 메시지도 담고 있다. 인가를 받지 않고 출판되었기 때문에 막부가 출판을 금지했다는 점에서 당대의 '불법 출판물'이라고 할 수 있다.

네 가지로 정리했다. ①지진이라고 하는 대사건을 그린 그림으로 메기라는 괴물에 관한 다양한 지진 전설이 담겨 있다. ②그림과 그림 속의 대화에는 당시의 사회상을 조소와 야유, 너스레, 말장난을 써서 교묘하게 표현했다. ③이 표상 세계의 표현들은 양의적 구조를 지니고 있다. 이 표현들은 민속 종교에 뿌리를 둔 관념과 결합해서, 지진이 일어나면 특수한 형태로 부활한다. ④표상 세계의 메기는 인격이 부여되어 인간 수준으로 끌어올려진다.

나는 그가 제시한 순서대로 지진 전설, 표현 방식, 양의적 구조, 인격 부여의 순으로 '지진유발자 메기'에 덧붙여진 일·것·곳을 모아서 메기 명제의 규모를 가늠해볼 것이다.

아우베한트가 소개하는 지진 전설에서 '지진유발자로서의 메기'는 카시마신(鹿島大明神)[4]이라는 '신'과 카나메이시(要石)라고 하는 '돌'과 연합한다. 그의 일본어 번역판 책의 표지에 자리 잡고있는 그림은 전설이 담고 있는 메기-카시마신-카나메이시의 관계를 보여주는 대표적인 메기 그림이라고 할 수 있다(그림 2). 무가의 수호신 카시마신은 큰 메기의 머리 위에 거대한 바위덩어리인 카나메이시를 얹어 놓고 있다. 메

....

4) 카시마신궁에서 모셔지는 다케미카즈치(武御雷)는 일본 고전들에서 지상 세계를 평정한 무신으로서 무가의 수호신으로 숭상되어 왔다(박규태 2004). 타케미카즈치는 카시마신이라고 불린다. 그리고 그를 모시는 신사 카시마신궁은 이바라키현(茨城県) 카시마시에 위치하고 있다.

[그림 2] 일본어판 표지(アウエハント 2013)

기는 카나메이시의 무게 때문에 날뛰지 못한다. 그런데 10월
에 이즈모대사(出雲大社)에서 신들의 모임이 열렸다. 카시마
신은 이 모임에 가기 위해 자리를 비웠다. 메기가 이 틈을 타
서 날뛰기 시작했고 결국 지진이 일어나고 말았다. 한 메기
그림에서는 지진 발생의 원인에 대해서 다음과 같이 설명하
고 있다.

　신이 없는 틈을 타 빈둥거리는 메기가 장난을 치자, 천지가
　뒤바뀌고, 세상을 바로잡고, 세상을 바로잡고, 다시 세우
　고……. (메기 그림 137)5) (アウエハント 2013: 100-101)

....

5) 미야다와 다카다(宮田·高田 1995)는 현존하는 메기 그림들에 번
　호를 매겨서 책으로 정리했다. 이 논문에 인용되는 메기 그림들은

[그림 3] 에비스와 표주박(메기 그림 120)

아우베한트의 저서가 출판된 이후에는 이 그림과 전설이 메기 그림의 '원형'으로 자리 잡았다. 다른 메기 그림들은 이 원형의 '변이'로서 새로운 요소가 추가되거나 요소들 간의 관계에 변형이 일어난 것으로 해석되었다. 이 변형은 또 다른 신 에비스(恵比寿)와 술이 명제에 더해지면서 시작되는데, 그만큼 이야기의 곡절(曲折)의 수가 늘어난다. 칠복신(七福神)의 하나인 에비스는 자리를 비운 카시마신으로부터 메기를 잘 감시하도록 지시받았다(메기 그림 120, 169)(그림 3). 하지만 술을 좋아하는 에비스가 술을 마시고 취하자 그 틈을 타서 메기가 난동을 부려 지진이 일어났다.

지진이 일어난 이후에 대한 이야기도 이어진다. 에비스는

이 책의 번호를 따른다.

책임을 통감하고 메기들을 카시마신에게 끌고 와 용서를 빌게 했다(메기 그림 64, 65). 아우베한트의 책 표지의 메기 그림에도 이전에 일어난 지진들(메기들)이 용서를 비는 말을 한다. 메기의 사죄는 곧 메기가 지진을 일으켰다는 명제를 전제하고 있다.

> 저희는 조금도 사람들에게 원한이 없지만, 요즘에 매실이 유행해서 곧 메기조림이 될 것 같아, 그것이 억울해서 움직였습니다. 그러던 차에 생각지 못하게 부상자도 나오게 되니 앞뒤를 생각지 않고 움직인 죄를 뉘우칩니다. 온 세상 이 평화로워질 때가지 모래를 뒤집어쓰고 움직이지 않을 것이오니 용서해주십시오. 용서해주십시오.(메기 그림 38)(박병도 2012b에서 재인용)

다른 그림에서는 카시마신이 돌아와서 난동을 부리던 메기들을 제압하고 메기들을 카나메이시 밑에 파묻었다(메기 그림 40, 41). 또 다른 그림에서는 민중이 직접 메기들에 들러붙어서 카시마신의 지휘 아래 농기구와 조리 도구로 메기를 무찌르거나(메기 그림 46, 61, 62)(그림 4), 불에 구워 먹었다.

위에서 "메기가 날뛰면 지진이 일어난다."라는 명제는 그림과 해설이 더해지면서 "카시마신이 자리를 비워서 메기가 날뛰자 지진이 일어났다." 라는 명제로 연장되었다. 명제는 다시 "카시마신이 자리를 비운 사이 메기를 감시하도록 지시받았던 에비스가 술에 취하자 이 틈을 타서 메기가 날뛰어서 지진이 일어났다."라는 또 다른 명제로 증식되었다. 지진 이

[그림 4] 메기퇴치(메기 그림 61)

후에 대한 이야기도 더해 지면서 명제들은 여러 갈래로 전개
된다. "~한 이유로 메기가 날뛰어서 지진이 일어났지만," 카
시 마신은 메기를 처치하고, 에비스는 메기에게 용서를 빌게
했으며, 민중들이 스스로 메기 퇴치에 가담했다. 이 명제들의
공통점은 "메기가 날뛰면 지진이 일어난다."라고 하는 최초
의 명제를 포함하고 있다는 점이다. 이야기가 더해지고 여러
갈래로 갈라질수록 최초의 명제는 후에 오는 명제들 속에서
이미 전제된 것으로서 더욱더 당연시된다. 이에 따라, 지진유
발자 메기에 대한 믿음 역시 공고해진다. 이야기에 이야기가
더해지면서 덕을 보는 것은 최초의 명제이다. 동시에 새로운
이야기의 갈래들, 즉 후속하는 명제들은 지진유발자로서의
메기에 수많은 사건, 사물, 장소들을 덧붙이면서 최초 명제의
잠재성을 강화하고 있는 셈이다. 카시마신, 카나메이시, 에비

스, 술, 신들의 모임, 지시, 감시, 이즈모대사, 술이 담긴 표주박, 메기와 싸우는 민중, 메기의 사죄 등 지진유발자 메기에게 이끌려 모여든 사건, 장소, 사물의 집합이다. 이 집합이 지진유발자 메기라는 잠재적 존재를 떠받치고 있다.

그림 속이 아니라 걸어서 방문할 수 있는 현실 속으로도 지진유발자 메기의 명제는 연장된다. 카시마신을 모시는 카시마신궁, 카시마신궁에 놓여 있는 카나메이시는 그림 밖에 있다. 카시마신의 신탁을 전하는 '카시마노고토부레'(鹿島事觸)라는 존재가 있었고, 카시마노고토부레가 신탁을 전할 때 길흉을 점치며 액을 물리치기 위해 민중이 추었다는 카시마춤(鹿島踊)도 있었다(메기 그림 191)(박규태 2004, 박병도 2012b). 그림, 설명, 신, 돌, 신사, 의례, 참배하는 민중은 '표상'과 '현실'의 구분 없이 지진유발자 메기라는 명제의 연장인 동시에 그 근거로서 연합하고 있는 결합체이다. 메기와 지진 단 두 요소로 시작했던 명제는 메기 그림의 힘을 얻어 그림뿐 아니라 그림 밖의 수많은 구성원들로 붐비기 시작한다. 아울러, 메기 그림들을 통해서 후속하는 명제들을 제시한 아우베한트, 그의 저서, 그리고 저서의 독자들도 지진유발자 메기의 결합체의 구성원으로서 지진유발자 메기를 연장하고 있다는 점도 간과할 수 없다. 아우베한트 역시 지진유발자의 유혹에 이끌려 명제들을 말해주고 있는 메기-지진 연합의 대변인이다.

지진유발자 메기의 유혹에 대해서 나는 다음과 같이 정리할 수 있다. "메기가 날뛰면 지진이 일어난다"는 명제는 스스로가 참인지 거짓인지 아무 말도 하지 않았다. 단지 다른 명제들 속으로 초대됨으로써 지진유발자 메기를 가능하게 하는 장소와 사건과 사물이 늘어나는 것을 지켜보았을 뿐이다. 즉 지진유발자 메기는 다른 명제가 자신을 포함하도록 기다릴 뿐이었다.[6] 어떤 기준에 따라서 성급한 판단이 내려지는 대신, 지진유발자 메기에 대해 '말해질 수 있는 모든 이야기가 말해지도록' 유혹했다. 정말로 메기가 날뛰면 지진이 일어나는지를 성급하게 판단했다면, 이 모든 이야기는 사라져버렸다.

---

[6] "명제는 참이나 거짓이라고 자기 자신에게 아무런 말도 하지 않는다. 다만, 근거를 기다릴 뿐이다." (화이트헤드 2005: 503-520)

5. 의미의 윤리학: 큰 메기와 작은 메기

　　아우베한트는 붕괴된 건물에서 사람들을 구하고(메기 그림 84), 착한 사람의 무너진 집을 다시 지어 주고(메기 그림 86), 부자들에게서 돈을 빼앗아 나누어주는(메기 그림 92, 99) 메기들을 보여주면서, 메기가 '파괴자'인 동시에 '구제자'라는 양의성을 지니고 있음을 강조한다. 메기는 지진유발자로서 인간 사회를 파괴하는 악의 신이었지만, 구조하고, 복구하며,

[그림 6] 세상을 바로잡는 메기의 정(메기 그림 84)

　　　　　　　　　　　　　　II. 지진유발자로서의 메기

[그림 5] 안세이 민중이 번성하는 세상(메기 그림 99)

재분배하는 구제자의 모습으로 변신했다(그림 5, 6). 그래서
아우베한트는 메기가 악신(惡神)에서 시작했지만 점차 선신
(善神)으로 변모했다고 해석했다.

지진유발자가 어떻게 구제자로 변신하게 되었는가? 아우
베한트는 메기 그림이라는 표현의 기저에 양의적 구조가 자
리 잡고 있다는 점을 강조했다. 즉 메기 그림의 표현은 민속
신앙의 관념과 양의적 구조가 결합한 결과이다. 예를 들어,
에비스는 어업과 상업에 종사하는 민중에게 숭배되는 신이
다. 에비스는 금전운과 복을 주는 선한 신인 동시에, 어딘가
모자라며 추한 얼굴을 하고 있다. 무엇보다도, 에비스는 술에
취해 메기를 감시하지 못했다는 점에서 지진 발생의 간접적
인 원인 제공자이기도 하다. 아우베한트는 이런 에비스도 메
기와 마찬가지로 "전형적인 양의성"을 보이고 있다고 말한다

(アウエハント 2013: 231-237). 메기 그림과 그림 설명, 그리고 일본 민속 신앙의 여러 관념의 대응 관계 분석으로 아우베한트는 '양의적 구조'라고 하는 질서를 도출해 냈다고 할 수 있다. 그가 말하는 메기 명제 들은 모두 이 질서를 전제하고 있으며, 이 전제된 질서에 따라 말해졌다.

하지만 전제된 질서는 또 다른 명제를 통해서 분명하게 드러난다. 특히 그 질서에 동의하지 않는 명제일 경우 더 분명하게 드러난다.

> 메기 그림의 선학자 아우베한트는 메기 그림의 요소로 카시마신, 메기, 카나메이시, 표주박, 에비스를 들고 있다. 그의 목적은 이 요소들과 대응관계에 있는 메기가 어떻게 악으로부터 선으로 전환하였는가를 추적하는 것이었다. 그의 분석 방법은 도상학의 하나로서 완벽성을 갖고 있으며 타의 추종을 불허한다. 하지만 솔직히 고백하자면, 메기 그림에 대한 도상학적 분석으로 민속 신앙의 구조를 분석하는 방법의 틀이 나로서는 받아들이기 힘들다. 나 자신의 방법으로 이 대상에 마주서는 것 외에는, 나로서는 달리 길이 없다. 나는 사회사, 정확히 말하면, 재해 사회사적 입장에서 지진 재해를 통해 사람들이 본 것, 느낀 것, 혹은 기대했던 것이 무엇이었는가를 메기 그림을 통해서 구체적으로 검토하고 싶다.(北原 2013: 205-206)

아우베한트의 도상학적 방법과 '양의적 구조'는 기타하라의 재해 사회사적 제안 속에서 매우 부정적으로 인용되어 있다. 기타하라는 아우베한트가 그의 책에서 다룬 수많은 명제들이 도상학적 방법을 통해 도출된 '양의적 구조'를 전제로 수집되고 배열되었음을 폭로한다. 지진-메기-그림의 명제들이 생산된 조건이 들춰지고 다른 조건에서는, 전혀 다른 명제들이 생산될 수 있는 가능성이 더해졌다. 메기 그림의 표현 '아래'에 있는 구조가 아니라, 사람들이 보고, 느끼고, 기대했던 것이 기타하라가 제시하는 명제들의 조건이 된다.

기타하라는 메기 그림 99(그림 5)를 인용하면서 "메기가 날뛰면 지진이 일어난다."라는 명제를 완전히 다른 의미를 지니는 명제 속에 위치시킨다.

> 무릇 인간이 다섯 가지 도[五道]를 지키는 것도, 神佛의 가르침이다. 그 도를 잊고 귀하고 천한 자 모두 무섭게도 금지된 욕망의 길에 들어섰기 때문에, 아래 만민 모두를 구제하려고 신불에 상담해서 카시마의 신에게 부탁했다. 그래서 (카시마의 신이) 카시마대신궁의 카나메이시를 메기에게 등에 지게 하고 세상의 성쇠를 고쳐야[直す] 한다고 한 바, 메기는 명령을 받들어 안세이 2년 10월 2일 밤 네 번째 시간에 신의 사자가 되어, 에도를 시작으로 십리사방을 심하게 흔들어 집을 부수고 땅을 찢고, 불을 지르는 것이 엄청났다.(그림 5)(박병도 2012b 재인용)

기타하라가 주목한 메기 그림에서는 "타락하고 자만하고 욕심에 빠져 있는 인간들에게 경고하기 위해서 카시마신이 메기에게 명령을 내리면, 명령에 따라 카나메이시를 맨 메기가 날뛰어서 지진이 일어난다"로 정리되는 새로운 명제가 만들어졌다. 이 새로운 명제가 등장하면서 '지진유발자 메기'에 대한 판단은 다시 한 번 유보된다. 지진유발자 메기는 그 스스로 지진을 일으키는 악의 신이 아니라, 카시마신의 명령을 받아 인간을 벌주는 정의로운 '신의 사자'가 되었다. 카시마신은 지진을 억제하는 신에서 배후에서 지진을 일으키는 신으로 변신했다.

기타하라는 재난을 일으키는 신의 의도를 '세상을 호전시키려는 의도'로 받아들일 것인지, 아니면 '퇴폐하고 자만심에 빠진 인간에 대한 경고'로 받아들인 것인지는 가치관과 세계관에 따라 달라진다고 전제했다. 그리고 후자의 가치관이 무사 지식인층이 재난을 보는 방식인 천견론(天譴論)에 따른 것임을 밝혀냈다(北原 2013: 208). 천견론을 전제하고 있는 명제에서, 메기는 정의로운 존재가 되기는 했지만 카시마신의 명령에 복종하는 순종적인 신의 사자가 되었다. 카시마신이 여전히 메기보다는 위계적으로 높은 위치에 있는 신이라는 점은 변함이 없다. 무사 지식인층은 무가의 수호신인 카시마신을 신의 위계에서 가장 높은 곳에 두고, 속신(俗神)이었던 메기를 카시마신의 감시를 벗어난 '난동꾼'이 아니면 명령에 따르는 '신의 사자'라는 낮은 자리에 두고 있다.

하지만, 이러한 카시마신과 메기의 위계는 후속하는 새로운 명제에서 또다시 유보된다. 그래서 카시마신의 위계와 메기의 위계 역시 쉽게 결정되지 못한다. 아우베한트와 기타하라의 분석에서는 카시마신과 메기의 위계 변화에 대한 상세한 논의를 찾아보기 쉽지 않다. 이에 비해, 박병도(2012a, 2012b)는 카시마신과 메기의 관계가 수직에서 수평으로 변하면서, 메기에게 긍정적인 의미가 부여되는 과정을 분석했다. 메기 그림 141에서 카시마신과 메기는 수평적인 관계에서 목으로 줄다리기를 하고 있다(그림 7). 카시마신의 등 뒤에서 무사, 신흥 상인, 고리대금업자가 응원을 하고 있고, 메기의 등 뒤에서는 농민, 소상공인 직공이 응원을 하고 있다. 천견론에 따라 복종적인 '신의 사자'로 내려갔던 메기는 무사들의 신인 카시마신과 정면으로 대결하는 민중의 신의 자리에 위치하고 있음을 알 수 있다. 지진으로 금전과 권력에 피해를 입을 수 있는 집단과 지진에서 잃을 것이 없거나 오히려 이득을 볼 수 있는 집단 간에 지진에 대한 이해관계의 차이가 두드러진다.

"카시마신과 메기가 힘겨루기를 해서 메기가 이기면 지진이 일어나고, 무사, 신흥 상인, 고리대금업자가 큰 손해를 보

[그림 7] 메기와 카시마신의 목 줄다리기(메기 그림 141)

[그림 8] 안세이 2년 10월 2일 밤 대지진 메기 문답(메기 그림 142)

는 데 반해, 농민, 소상공인, 도시 빈민인 우리 민중은 별일 없거나 오히려 이득을 본다."라는 명제 속에 '지진유발자 메기'가 들어가 있음을 알 수 있다. 지진으로 인해 돈을 벌게 된 미장이, 목수와 같은 직인이 작은 메기에게 향연을 열어 대접하는 메기 그림도 이 명제를 지지하고 있다.

지진으로부터 이익을 보는 집단의 입장에서는 흑선(黑船)을 타고 개항과 통상을 요구한 미국의 페리 제독과 같은 외세의 위협보다 지진이 그나마 낫다는 입장을 보이기도 했다. 메기와 페리 제독이 힘을 겨루는 그림에서, 페리 제독의 옆에는 총이 놓여 있고, 메기 옆에는 미장 도구인 흙손이 놓여 있다. 심판은 메기의 승리를 선언하고 있다(그림 8).

이상의 전개를 살펴보면, 명제가 전제하고 있는 질서가 '양의적 구조'에서 '신분과 직업에 따른 이해관계'로 바뀌었다. 그러면서 지진유발자 메기는 후속하는 명제들 속에서 그 의

II. 지진유발자로서의 메기

미의 결정을 계속 유보하고 있다. 그리고 이 과정에서 천견론, 무사, 신흥 상인, 고리대금업자, 농민, 소상공인, 도시 빈민, 페리 제독, 목 줄다리기, 기타하라가 강조한 메기 그림, 그리고 기타하라 자신, 저서와 독자가 메기와 연합하고 있다. 이 연합은 아우베한트가 제안한 '양의적 구조'라는 질서에 따라 연합한 것이 아니라, 기타하라가 제안한 '사회사적' 갈등이라는 질서에 의해 연합한 또 다른 결합체이다.

메기의 변신은 여기서 그치지 않는다. 그림 7에서 카시마신은 신의 모습에서 사람의 모습으로 하강한데 반해서, 메기는 괴물 혹은 동물에서 인간의 모습으로 상승했다. 카시마신과

[그림 9] 부자에게서 돈을 토해 내게 하는 메기(메기 그림 90)

메기가 동등한 '인간'이 되었다. 기타하라에 따르면, 고래만큼 큰 메기가 신 혹은 신의 사자였다면, 작은 메기는 재난 구조와 복구에서 활약하는 민중의 남성 영웅이거나(그림 6), 재해 이후의 경기 활황으로 이득을 보는 민중 자신이다(그림 9). 아우베한트가 '선신'으로 칭했던 메기들은 인간을 구제하러 온 신이 아니라 바로 지진 속에서 이웃을 구하고 그 피해를 복구하며 재해 유토피아를 탐닉하는 에도의 민중 자신을 그리고 있다(메기 그림 84, 86)(北原 2013: 209-228).

"메기가 날뛰면 지진이 일어난다"라는 명제로 다시 되돌아가 보자. 메기가 민중을 대표하는 또 다른 인격이거나 민중 자신이라면, 이상의 메기 그림에서 지진이란 땅의 흔들림, 즉 세상의 흔들림과 그 재건의 가능성을 의미하게 된다. 이제 "메기가 날뛰면 지진이 일어난다"란 명제는 "우리는 메기다", "우리가 세상을 흔든다", "재해에서 활약하는 우리가 세상을 바로잡는다(世直し)"라는 새로운 명제 속에 들어와 있다. 지진은 '나쁜 흔들림'에서 '참을 만한' 혹은 '다른 것보다는 나은' '괜찮은 흔들림'으로 바뀌었고, 나아가 "변혁을 가져오는 흔들림"까지 연장되었다. '지진유발자 메기'는 어느새 '세상을 재건하는 민중'에 이르렀다. 민중 메기들은 '平'을 세우며 다음과 같이 말한다.

빈부(貧富)를 긁어모아 뒤섞으며 메기들이 말한다. 세상의 태평(太平)을 세우는 상량(上樑)이 되리라.(메기 그림 85)(宮田

[그림 10] 태평 세계를 건설하는 메기(메기 그림 85)

· 高田 1995: 297)

　여기서 메기들의 작업을 지도하는 신도 무가의 수호신 카시마신이 아니라 칠복신의 하나로 주머니에서 쌀과 금화를 뿌려주는 속신 다이코쿠(大黒)이다(그림 10).
　민중들이 메기 그림을 세상을 재건하는 명제로 이끌 수 있었던 것은 바로 이들이 메기 그림의 주요 수요층인 동시에 메기 그림의 제작자였기 때문이다. 지진, 화재, 동반 자살과 같은 사건들을 신속하게 전하기 위해서 당시의 에도에는 와

판(瓦版, 가와라반)이라고 하는 정보지가 유통되고 있었다.[7] 의미 있는 사건이 일어날 때마다 판화 제작자들은 독자를 고려하며 정보를 담고 있는 와판을 생산해서 유통시켰다. 그리고 이 매체를 생산하는 기술을 통해서 메기 그림과 당시 지진으로 인해 벌어지는 사건이 에도 민중의 시각에서 연합될 수 있었다. 판화는 여러 장의 그림을 신속하게 찍어낼 수 있는 기술인 동시에, 시시각각 변화하는 독자들의 수요에 맞추어서 여러 판본을 생산해 낼 수 있는 기술이다. 바로 이러한 기술이 메기 그림을 다양하게 하는 유연성을 부여했고, 메기 그림에서 나타나는 명제의 무한소급을 가능하게 했다.

이상에서 메기에 전제된 것, 즉 메기에 전제된 의미를 말하기 위한 여러 연구자들, 연구자들이 인용하는 그림과 설명들로 이루어진 명제들을 살펴보았다. "메기가 날뛰면 지진이 일어난다"라는 명제의 의미를 파악하기 위해서 언제나 다른 명제가 필요했다. 앞의 명제로 모든 의미 파악이 다 되었다고 판단하려는 순간, 뒤에 오는 명제가 그 판단을 유보하게 한다. 유보가 계속되면서 명제는 증식한다. 그리고 그 증식을 따라가다 보면 의미를 단정해버리지 않으려는 조심이 필요하다는 것을 알게 된다. 의미는 쉽게 수렴되지 않았다. 그보다는 각 명제들 속에서 분기되었다. 그래서 의미의 결정은 유보되었

....

7) 小野, 秀雄, 1960, 『かわら版物語―江戸時代マスコミの歴史』, 雄山閣.

다. 의미의 윤리는 이렇게 판단의 유보를 통해서 의미를 보호하는 방법이다. 의미의 윤리에 따른다면, 새로운 질문, 새로운 해석, 새로운 실험의 기회가 메기에게 주어짐으로써 메기의 잠재성을 열어줄 수 있다.

이렇게 메기를 따라온 나는 굳이 민속 신앙과 재해 사회학의 틀 속에 머물 필요가 없다. 실험실과 과학 논문에 메기가 있다면, 그리고 그 메기가 지진과 연관되어 있다면, 그곳까지 메기를 따라갈 것이다. 방법은 같다. 판단과 단정을 유보하면서 증식하는 명제를 따라가며 메기의 가능성을 돌보는 것이다.

III

지진예지자로서의 메기

6. 두 번째 명제:
"메기의 이상행동은 지진의 전조이다"

"메기의 이상행동은 지진의 전조이다."란 명제에서, 여전히 메기가 문제의 동물이라는 점에서 변함이 없다. 하지만, 이번에는 명제의 목표 사물이 '지진예지자 메기'로 바뀌었다는 점에서 차이를 보인다.

1976년부터 1978년까지 도쿄도 수산시험장의 과학자들은 도쿄도와 이즈반도 주변의 섬들에서 어업 조합원, 양식업자, 촌장, 고령의 노인, 어부, 향토사학자를 만나 면담을 했다(野田·江川·長尾 2004). 현지 면담을 통해서 지진과 함께 나타나는 어류의 '이상행동'의 특징을 밝히고, 이를 지진 예지에 활용할 정보로 활용하려는 목적이었다. 과학자들은 민물 어류 14종에 대해 66건의 사례를, 바다 어류 76종에 대해 136건의 사례를, 그밖에 종을 알 수 없는 19종에 대해서는 221건의 사례를 면담하고 이를 "어류의 이상생태사례조사표"에 기입했다. 어류 외에도 바다에서 헤엄치는 쥐 떼, 수질 변화, 적조 현상도 면담에서 들을 수 있었다. 포유류, 어류, 갑각류, 연체

류로 분류해서 계절에 맞지 않는 어획량 및 번식, 수면 위로 뛰어오르는 행위 등에 대해 상세히 기록했다. 2년 동안 수집한 수많은 '이상행동'의 사례에서 과학자들은 지진예지에 활용할 가능성을 지닌 어류로 메기를 택했다. 왜 하필 메기일까?

도쿄도 수산시험장의 과학자들은 "메기가 날뛰면 지진이 일어난다."라는 '민속적인 믿음[俗信]'에 따라서 메기에 관심을 가진 것이 아니라는 점을 분명히 했다. 메기와 지진의 관계에 대한 또 다른 과학자의 선행연구, 1923년 관동대지진 당시 메기가 날뛰던 것을 본 체험담, 그리고 메기가 전기를 감각하는 어류라는 점을 고려해서 메기를 본격적인 관찰 대상으로 선택하게 되었음을 밝혔다(江川 1991). 즉 과학자들은 속설이 아니라 선행하는 관찰과 연구에 근거해서 메기 실험이 시작되었다는 점을 강조했다.

과학자들이 제시하는 명제에서 주목할 만한 것은, 메기의 '날뜀'이 '이상행동'이라고 하는 새로운 말로 바뀌었다는 점이다. 그리고 이 말 바뀜은 단순히 더 '객관적인 말'의 선택에 그치지 않았다는 점이다. "메기가 날뛰면 지진이 일어난다."란 속설에서 메기의 '날뜀'은 언제, 어디서, 누구에 의해 관찰되었는지 아무런 정보도 제공해 주지 못한다. 이에 반해 '이상행동'은 '현지'의 '면담자'의 입에서 나와, '과학자'가 날짜, 시간, 장소를 기록한 '어류의 이상생태사례조사표'에 기록되어, 다섯 가지 행위 목록이 작성되고 과학자 동료들이 심사하는

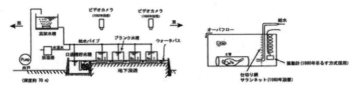

[그림 11] 실험수조배치도(왼쪽)와 수조 단면도(오른쪽)(野田·江川·長尾 2004)

'학술 논문'을 통해서 독자들에게 전해졌다.8) 메기의 '이상행동'은 멀리 현지로부터 면담, 표, 목록으로의 변형을 거치면서 보고서와 논문으로 이동해 왔다. 속설로 남아있는 '날뜀'보다 '이상행동'은 더 많은 수의 장소, 사물, 사건의 연합으로 이루어져 있음을 알 수 있다. '이상행동'은 이렇게 멀리서부터 옮겨져 왔으며, 여러 과학자들의 섬세한 보살핌을 통해 '주관의 개입 없이' 학술 논문까지 옮겨 왔다. 메기는 단순히 '날뛰는' 동물에 머물지 않고, 여러 문헌과 면담자와 기록물들을 갖추고 학회의 심사를 받은 '이상행동'을 하는 동물로 변신했다.

메기를 택한 과학자들은 메기의 평상시의 행동으로부터 이상행동을 구분해 내는 실험을 실시했다. 메기의 일상적인 행동에서 이상행동을 추출해 내야 지진의 전조에 대한 정보를

....

8) 메기의 '이상행동'이라고 기록된 내용은 다음과 같다. ①빠를 때는 1개월 전부터 날뛰기 시작해서 잘 잡힌다. ② 4~5일 전에는 평소에 지내던 곳을 나와서 강가에 떼로 나타나서 수면 위로 뛰어오른다. ③지진 당일에는 매우 날뛴다. ④계절에 맞지 않게 번식을 한다. ⑤지진 직후에 바다에서 잡히거나 비실비실한 상태로 떠오르기도 한다.

III. 지진예지자로서의 메기

얻을 수 있기 때문이다. 도쿄도 수산시험장의 과학자들, 도쿄대학의 어류 연구자들, 도카이대학 지진연구센터의 연구자들이 한 일은 메기가 이상행동을 할 수 있는 최고의 조건을 만들어주어서 메기가 지진의 전조를 감지하는 역량을 이끌어내는 일이었다. 이 과학자들은 "메기에 의한 지진예지의 가능성"(江川 1991, 東海大學地震予知研究センター 2006, 野田・江川・長尾 2004, 浅野 1998)이라는 강력한 유혹에 이끌려 지진 메기 연합이라는 명제를 증식하는 데 참여하고 있다 할 수 있다.9) 에도의 민중이 지진유발자 메기의 유혹에 이끌려 그림을 그렸다면, 과학자들은 지진예지자 메기의 유혹에 이끌려 그림을 그렸다. 과학자들의 메기 그림에는 카시마신이나 에비스신과 같은 신들도 없고, 무너진 집을 복구하고 탐욕스런 부자를 벌하는 메기도 없다. 판화가 지닌 색의 아름다움도 없으며, 너스레와 말장난도 보이지 않는다. 대신 메기의 '이상행동' 역량을 최대화하기 위해서 설치된 실험 장치들과 이 장치들에 접속하고 있는 메기가 보인다. 비록 에도 민중이 판화 기술로 그린 메기 그림보다는 조악하지만, 메기는 지진예지자로서의 역량을 발휘하도록 과학자들에 의해 주어진 보

....

9) 여기서 말하는 '지진예지'는 지진이 일어나기 며칠 전에 지진이 어디서 어느 정도의 크기로 일어날지를 미리 알아내는 것을 말한다. 1960년대 이후 지진학자들은 머지않아 지진을 예지할 수 있을 것이라고 예측했다. 한 지진학자는 1990년대 초까지 지진예지는 '일본인의 꿈'이었다고 말하기도 했다.

철장치(補綴裝置)를 갖추게 되었다.

　도카이대학 지진예지센터 소속의 연구자들이 그린 첫 번째 그림에는 일본산 메기(Silurus Asotus)가 땅의 진동을 그대로 느낄 수 있는 수조들이 놓여 있고, 수조 속 메기들의 움직임을 촬영하는 카메라가 천장에 달려 있다. 그리고 도관에 숨어 있는 메기와 이 메기의 행동량을 측정하는 진동 감지장치가 수조 안으로 드리워져 있다(그림 11)(野田·江川·長尾 2004). 메기의 움직임은 카메라와 진동 감지장치를 통해서 매일 관찰된다. 실험자는 매일 아침 수조에 노크를 해서 진동을 만들었다. 그리고 진동이 있을 때 메기의 행동량을 측정해서, 진동이 없을 때의 행동량과 비교했다. 그렇게 해서 축적된 자료로 연구자들은 평상시의 행동과 이상행동을 구분하는 기준치를 얻어냈다.

　실험 과정에서 메기는 실험실의 수조, 카메라, 진동 센서, 우물물을 끊임없이 공급해주는 급수 장치, 매일 아침 노크를 하는 실험자, 이들이 작성한 연구노트, 계산을 통해 구해진 이상행동의 기준치와 연합한다. 메기는 이 연합의 힘을 얻어 기준치를 넘는 수준으로 움직이면서 이상행동을 보여주었다. "메기의 이상행동은 지진의 전조이다."라는 최초의 명제에서 메기의 이상행동은 '혼자서' 행한 것처럼 보였다. 이에 반해, 실험을 통해 이루어진 연합은 메기가 실험 과정의 잡다한 것들과 '함께' 이상행동을 할 수 있게 되었음을 보여준다. 그리고 이 실험을 통해서 "미세한 진동을 감각한 메기의 이상행동

　　　　　　　　　　　　　III. 지진예지자로서의 메기

은 지진의 전조이다."라는 명제로 지진예지자 메기의 명제가
연장되었다.

이 과정에서 "메기의 이상행동은 지진의 전조이다."라는
명제는 아무런 의심 없이 후속하는 명제에 받아들여졌다. 지
진유발자 메기의 명제와 마찬가지로, 지진예지자 메기의 명
제 역시 그 의미가 후속하는 명제에 의해서 긍정적으로 파악
됨으로써 더 공고해지고 있음을 알 수 있다. 만약 이 실험이
실패해서 메기의 이상행동이 진동과는 아무런 관계가 없다고
밝혀졌다면, 후에 오는 명제가 지진예지자 메기의 명제를 부
정적으로 포함함으로써 지진예지자 명제는 그 유혹이 약화되
거나 명제 자체가 폐기되었을 수도 있다.

도쿄대학의 어류학자들이 그린 두 번째 그림에서는 또 다

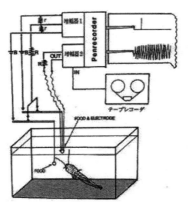

[그림 12] 먹이 선택을 측정하는 실험 장치(Asano and Hanyu
1986, 浅野 1998)

른 일본산 메기(Parasilurus Asotus)가 두 조각의 잉어 고기 사이에서 기로에 놓여 있다(그림 12)(Asano and Hanyu 1986, 淺野 1998). 하나의 잉어 조각은 전기장을 생산하는 전극이 부착되어 있고, 다른 하나에는 전기장을 생산하지 않는 모조 전극이 부착되어있다. 메기는 시각이 제거된 채 완전한 어둠 속에 놓여졌다. 메기는 오직 전기를 감각해서 먹이를 찾아내는 능력을 발휘해야 한다. 앞의 실험과 마찬가지로 두 번째 실험 역시 메기의 전기 감각 능력이 여러 사물과의 연합을 통해서 발휘될 수 있음을 보여준다. 단, 이번 실험에서는 "메기는 전기에 민감하다."는 또 다른 명제가 메기와 연합하는 여러 장치들을 끌어들였음을 알 수 있다.[10] 여기서는 "전기에 민감해서 지전류의 변화를 감각하는 메기의 이상행동은 지진의 전조이다."라는 다른 명제가 지진예지자 메기의 명제를 포함하고 있다. 앞의 그림에서의 미세한 진동 쪽이 아니라 지전류의 변화 쪽으로 방향을 달리하고 있다.

실험에서 메기는 전극에 연결된 잉어 조각을 잡아먹었다. 그리고 잉어 조각을 떼어냈음에도 불구하고 메기는 전극을 적극적으로 공격하기도 했다. 전극에 연결되지 않은 잉어 조

....

10) "메기는 전기에 민감하다."는 명제는 "메기는 전기에 민감했다." 와 "메기는 전기에 민감하지 않았다."라는 서로 다른 방향으로 분기할 잠재성을 포함하고 있다. 메기가 처한 기로는 이 명제의 기로이기도 하다.

III. 지진예지자로서의 메기

[그림 13] 유영 궤적 패턴(東海大学地震予知研究センター-2006)

각은 건드리지도 않았다. 이로써 메기는 자신이 전기 감각만으로 먹이를 먹을 수 있다는 점을 증명했으며 먹이와 상관없이 전기 감각에 매우 민감하다는 점도 증명했다. 메기는 실험자가 수조 밖에서 흔드는 충전된 절연체에도 곧바로 반응함으로써 자신이 얼마나 전기에 민감한지 재차 증명했다. 과학자들이 제공한 실험 장치와 환경 속에서 메기는 전기를 감각하는 능력을 충분히 발휘한 것이다.

메기의 형태가 드러나 있는 그림은 '여기까지'이다. 과학자들이 그려낸 다음의 메기 그림에서는 우리가 흔히 아는 메기의 형태를 찾아볼 수 없다. 메기는 점차 '이상행동'의 어떤 요소들로 변형되기 시작한다. 그럼으로써, 메기의 '이상행동'을 대표하는 것이 메기의 형태가 아니라 메기의 유영과 메기의 감각 세포로 옮겨가는 과정을 볼 수 있다. 메기의 이상행동이라는 행위는 유영의 궤적과 감각세포라는 새로운 행위의 요소로 대체된다.

도카이대학 지진예지센터의 연구진들이 그린 그림 13(東海大学地震予知研究センター 2006)에서, 수조 속에서 유영하

던 메기의 형태는 사라졌다. 그리고 카메라를 통해 기록된 메기의 궤적만이 남아있다. 메기의 형상은 없지만 이 그림 속의 궤적이 메기의 것이라는데 과학자들은 동의한다. 이 그림은 수조, 카메라, 메기, 연구자들의 세심한 돌봄과 연결되어 있어서 완전히 고립되어 있는 그림이 아니기 때문이다. 이 궤적들 중에서 유난히 움직임이 많고 평소의 움직임의 패턴과 차이를 보이는 궤적이 메기의 '이상행동'이 된다(그림 13).

메기의 형태가 사라지기는 했지만, 메기는 수많은 유영의 궤적들과 그 궤적들 속에서 찾아낸 패턴들을 얻게 되었다. 메기 그림 속의 메기는 자신의 형태에 더해서, 유영의 궤적까지 더해졌다. 메기는 형태를 잃었지만, 얻은 것이 더 많다. 그리고 "미세한 진동을 감각하는 메기의 이상행동은 지진의 전조이다."라는 명제는 궤적 패턴이 더해지면서 "미세한 진동을 감각해서 메기가 특정 유영의 궤적을 보이는 이상행동을 하면 지진의 전조이다"라는 명제로 증식되었다.

메기는 '유영 궤적'을 남긴 데 더해서, '감각 세포'로도 변신했다. 앞의 그림에서 "전기를 감각하는 메기"는 다음 그림에서 "전기를 감각하는 기관을 갖고 있는 메기"가 되면서 메기 그림의 모습도 변한다(그림 14)(淺野·羽生 1987). 메기가 전기를 감각해서 먹이를 먹을 수 있으려면 작은 구멍기관(smallpit organ)의 감각세포를 갖고 있어야 한다. 즉 메기에게 이 기관이 주어짐으로써 메기는 전기를 감각할 수 있는 역량을 더하게 되었다. 어류학자는 현미경으로 작은 구멍기관의

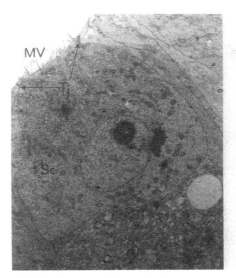

[그림 14] 작은 구멍기관의 감각세포(浅野·羽生1987)

감각세포를 촬영하고 그 위에 고전자밀도접합(Tj: electron dense tight junction)이라고 기입함으로써 메기의 감각세포에서 전기를 감지하는 부분을 정확하게 지시했다. 이러한 메기 그림은 다음과 같은 명제의 연쇄를 이끌어 낸다. "메기는 전기를 감지하는 기관을 갖고 있어서 물속의 지전류(地電流)의 변화로 인해 동요를 일으킨다.", "메기는 전기를 감지하는 기관을 갖고 있어서 지진 전에 물속의 지전류가 변화하면 이상 행동을 보일 것이다.".

이상의 메기 그림들에서 주목할 만한 것은 명제의 소급에 따라 전기 자극으로 먹이를 탐지하는 메기의 행위능력이 점차 구성되기 시작했다는 점이다. 정말로 메기가 지진을 예지할 수 있는지에 대한 판단은 이 단계에서 이루어지지 않는다. 명제를 판단의 대상으로 국한시키는 것은 명제의 더 광범위한 기능을 무시하는 것이다. 명제는 유혹을 하고 가설을 세우게 하고 실험을 하게 하며, 진동을 느끼고 전기를 감각하는 메기의 행위자성을 만들어 왔다. 사실 판단보다는 이 과정을 통해서 새로운 가능성, 잠재력이 생산되고 있으며, 지진예지자 메기라는 존재가 생성되고 있는 것이다.

도쿄도 수산시험장의 과학자들은 수조 실험을 통해 얻은 이상행동의 기준과 유영 궤적의 패턴을 통해서 메기의 행동량과 실제로 지진이 일어난 날의 관계를 비교해 볼 수 있었다. 그리고 마침내 "메기의 이상행동은 지진의 전조이다."라는 명제의 목표 사물에 '어느 정도' 이르게 된다.

13년간 진도 3이상의 지진 87건에 대해서 메기가 지진 발생 10일 전까지 이상행동을 보인 횟수는 27건이었다. 논문의 필자인 에가와는 메기의 지진예지 확률을 야구의 타율과 비교했다. 메기는 '3할 1푼'의 타율을 보였다. 메기가 야구선수였다면 꽤 괜찮은 타율을 보이는 타자이다. 과학자들이 그린 그래프는 지진예지자로서의 메기의 능력을 보여주는 그림이다(그림 15)(野田·江川·長尾 2004). 실제로 지진이 일어난 시기가 화살표로 표시되어 있고, 그 시기 며칠 전 메기의 행동량에 뚜렷한 변화가 그려져 있다. 과학자들은 메기의 전기 감각에 대한 논문을 인용하면서, 메기의 이러한 이상행동이

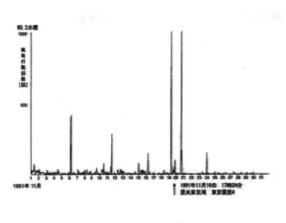

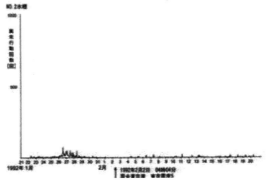

[그림 15] 지진 전 메기의 행동량 그래프(野田·江川·長尾 2004).

지전류를 감각했기 때문이라고 하는 새로운 명제를 제시하면서 토론을 이어가고 있다.

지진예지자 메기라는 목표 사물이 구성된 과정을 다시 정리하면 다음과 같다. "메기의 이상행동은 지진의 전조이다."라는 명제는 과학자들의 주장에서 시작되었다. 과학자들은 메기를 실험실로 데려오고 극진히 보살피면서 미세한 진동과 전기장에 반응하도록, 여러 장치, 기록, 기준치, 수조의 환경을 제공했다. 가와라반을 통해서 지진유발자 메기의 다양한 모습을 찍어냈던 에도의 민중과 마찬가지로 과학자들은 카메라, 현미경을 이용해서 다양한 메기 그림을 그렸다. 진동과 전기를 감각하는 메기의 능력은 모두 이 장소, 사물, 사건과의 연합을 통해서 가능했다. 그리고 실제 지진이 일어나기 며칠 전에 수조 속의 메기들이 이상행동을 보임으로써 메기는 지진예지자가 되었다.

메기는 '혼자서' 혹은 '원래부터' 지진예지자가 아니었다. 연합을 이루고 있는 수많은 일, 것, 곳과 '더불어', '함께' 지진예지자가 되었다. 지진예지자에 대한 '믿음' 역시 처음부터 주어진 것이 아니었다. 연구자 에가와(江川)는 13년이란 긴 실험 기간중에 중반부터 실험에 참가했다. 그는 "메기의 지진예지 가능성"이라는 명제에 대해서 처음에는 "반신반의" 했음을 논문에서 고백했다. 그 자신이 실험을 하고, 메기에게 역량을 발휘하도록 함으로써 에가와는 "메기의 지진예지 가능성"을 굳게 믿는 자[信者]로 거듭나게 되었다.

7. 근대인과 과학민속

　우리가 과학자의 메기 그림을 통해 본 메기는 '자연의' 메기가 아니라, '과학자'의 메기였다. '에가와 실험실'의 메기, '아사노(浅野) 실험실'의 메기였다. 그런 메기가 연구의 최종 결과에서는 갑자기 메기 스스로 그 '자연의 본성'에 따라 지진 전에 이상행동을 하는 동물로 그려지기 시작한다. 이때부터 메기는 과학자와 실험실이 제공한 모든 연결을 끊고 '홀로' 지진예지자로서 독립해서 행위 하는 동물로 여겨지기 시작한다. 이상행동을 기록한 현지 면담, 실험실에서의 일들, 수조와 온도조절 장치, 카메라와 현미경실험자들의 기록들, 과학자들이 그린 조악한 메기 그림들, 수조를 탈출해서 죽은 메기들, 수조에 물을 공급하는 펌프의 고장, 우물물의 오염, 실험실 주변 공사장의 소음과 진동 등은 모두 잊힌다.

　모든 과학적 실천과 동떨어진 초월적 자연 혹은 사실이 바로 "메기에 의한 지진예지"가 가능하다고 선언하는 지점에서 나타났다. 사실이라는 구성물이 등장하면서 자연이라고 하는 초월적인 것이 등장했다. 그리고 자신들의 실천을 모두 잊고 이 초월적인 '자연'이라는 신을 숭배하는 "근대인"(Latour 2010)이 함께 나타났다. 지진예지자 메기와 사실 숭배자 근대인은 이렇게 '함께 되기'를 통해서 전자는 대상으로, 후자는 인식 주체로 메기 실험의 말미에 자리 잡고 있다.

하지만 메기를 따라가며 이 모든 테크노-토테미즘의 과정을 지켜본 나는 믿음과 사실, 민속지식과 과학지식이 모두 명제의 유혹, 돌봄, 협상의 과정이라는 점을 기술했다. 나는 이 지점에서 '민속과학'과 '과학민속'을 구분한다. 민속과학은 자연과학과 대비되는 지역에 특수한 지식이었다. 반면, 내가 이 연구를 통해 제시한 '과학민속'은 자연과 사실이 민속지식과 마찬가지로 정교한 손재주, 국지적 지식, 장치들, 보철물들, 연구자의 근면함, 학회 등에 의해 구성된다는 점을 보여준다. 과학적 실천에 대한 민속방법론은 이러한 과학의 실천 속에서 사실과 자연이 직조되는 과정을 기술할 수 있게 해준다. 메기 그림의 직조 과정이 명제의 증식과 가능성의 돌봄이라는 점에서 신화 속의 지진유발자나 실험실 속의 지진예지자나 모두 이 과정을 거쳐 왔음을 살펴보았다.

메기 그림을 기존의 민속과학을 통해 분석하면 과학자의 실험실 속 메기를 추적하는 것이 불가능하다. 실험실은 민속과학의 대상이 이미 될 수 없기 때문이었다. '민속지식은 민속과학에, 과학지식은 과학에'라는 이분법이 그 원인이다. 하지만, 과학민속을 통해서 실천 속에서 함께 지진유발자 혹은 지진예지자가 되어가는 메기를 추적한다면, 메기라는 문제의 동물을 중심으로 신화와 실험실은 대칭적으로 기술될 수 있다. 이와 같은 과학민속에 따르면, 지진유발자와 마찬가지로 지진예지자 역시 신이다. 가와라반이란 판화 제작 기술과 실험실의 보철장치는 둘 다 이 신의 생명을 유지해주는 장치들이다. 실험실에서도 신화에서도 테크네와 토템의 연합을 통해서 메기의 존재가 구성된다. 테크노-토테미즘은 이러한 과학민속을 가능하게 하는 매개어이다.

민속신앙과 과학실험을 구분하고 종교 속의 메기와 과학 속의 메기를 완전히 다른 존재로 그려내고자 하는 '근대인'의 분류에 따르면 토템으로서의 메기와 대상으로서의 메기는 다른 종류의 존재이다. 나는 근대인이 '틀렸다'고 말하진 않았다. 대신 이 근대인 역시 지진 메기 연합의 명제를 증식하는 '또 다른' 사람과 사물의 연합으로 기술했다. 이러한 접근에서는 민속학에서의 명제와 과학에서의 명제 모두 연합의 결과물이다. 연합에 참여하는 사람, 사물, 신의 결합체로서의 명제는 과학과 민속학의 경계 작업조차도 명제의 과정 속에 포함한다. 나는 메기를 따라가면서 연합의 말미에 덧붙여지는 '믿음'과 '사실'의 출현을 지켜볼 수 있었다. 메기 그림을 그리던에도 민중에게 '믿음'이라는 새로운 말을 부여한 자는 아우베한트였다. 지진을 예지하는 메기의 능력에 '사실'이라는 말을 부여한 자는 어류 실험실의 연구자들이었다. 신과 자연은 그것을 가능하게 만든 모든 실천들로부터 독립한 것으로 언급

됨으로써 초월적인 것으로 변신했는데, 이 연구는 그 변신의 과정 자체를 기술했다. 신도 자연도 문제적 사물을 구성하는 실천 속에 두었다.

민족지 쓰기가 세계를 신화적 세계와 과학적 세계로 나누고, 신, 사실, 자연 등을 실천으로부터 초월한 존재로 접근하는 방법에 머물러서는 존재론적 유영을 하는 사물들을 기술하는 데 한계에 빠지게 된다. 이런 방법을 즐겨 써온 근대인들은 이미 세계를 믿음과 사실로 나누어 놓았다. 나는 메기라는 하나의 동물이 행하는 존재론적 유영을 기술했다. 그럼으로써 민속지식과 과학지식으로 분단되어 있던 메기의 존재를 하나의 변신하는 존재로 돌려놓을 수 있었다. 메기는 변신했다. 지진유발자가 되었다가 지진예지자가 되었다. 신이었다가 영웅이었다가 대상이 되었다. 이 유영에 반드시 필요한 것은 연합이지 과학과 민속의 경계, 믿음과 사실의 경계가 아니다. 메기는 연합 그 자체로서 연합의 구성원의 변화에 따라 계속 변신한다.

메기를 따라와서 도달한 이 변신의 세계는 '이상한 나라', 즉 비현실적인 세계인가? 아니면 사물의 존재가 그 역량을 발휘해서 변신할 수 있는 '경이로운 세계'인가? 토끼를 따라간 앨리스와 메기를 따라온 나는 이 두 세계 중에서 어떤 세계에 도달한 것일까? 이상의 기술을 통해서 인류학자는 이 둘 중에 하나를 선택할 수 있다는 것을 알았다. 그리고 그 선택에 따라서 기술하는 명제-사물을 근대적 구획 안에 구속하는 우를 범할 수도 있으며 존재를 해방하는 정치를 할 수도 있음을 알았다. 인류학자의 일이 '실천을 기술하는 일'이라고 한정한다면, 민속지식과 과학지식의 경계마저도 실천 속에서 기술하는 인류학자의 출현이 요구된다. 신도, 사실도, 가치도, 자연도 실천을 초월한 것으로가 아니라, 실천에 내재하는 것으로 기술할 수 있는 자로의 변신 말이다.

IV

지진전달자로서의 메기

8. 장치 한가운데서 살아가기

필자는 방재과학기술의 현장 곳곳에서 출몰한 메기를 따라 먼 곳으로 떠나는 모험을 감행했다(이강원 2016). 과학기술의 중심에서 힐끗 봤던 지진과 메기의 관계를 추적하기 위해서 노닐 듯 헤엄치는 메기를 따라 나선 것이다. 메기는 종교와 과학의 영역을 가로질렀고, 신적 존재로부터 실험실 속의 대상으로 변신했다. 그리고 "메기가 날뛰면 지진이 일어난다."는 속설에서 시작된 신화는 "메기의 이상행동은 지진의 전조이다."라는 실험 가설로 바뀌었다. 10년 남짓 여러 세대의 메기들이 수족관 실험실에서 진동과 전류를 감지하는 역량을 발휘하면서 메기는 자신에게 씌어진 '지진유발자'라는 혐의를 벗고 마침내 '지진예지자'로 추앙받게 되었다. 이렇게 필자는 신화, 사회사, 민속, 과학을 섭렵하는 변신 메기의 동반자가 되었다.

하지만 메기의 유영(游泳)과 변신에 관한 이야기는 여기서 끝나지 않는다. 지진에 연루된 메기를 놓치지 않고 따라가면서 필자는 다른 때, 다른 곳에서 또 다른 모습의 변신 메기와

70

마주쳤다. 필자가 제3의 메기를 본 것은 지진 속보를 수신하는 첨단 네트워크의 단말기 표면이었다. 에도(江戶)의 민중이 그린 메기 그림(鯰絵)도 아니고, 과학자들이 논문 위에 그려 놓은 메기 '그림 1, 2, 3'도 아니었다. 메기는 그 장치의 표면 위에서 빙긋 웃으며 신화적 존재도, 실험 대상도 아닌, 또 다른 무언가로 둔갑해 있었다. 필자는 이 제3의 메기의 정체를 밝히기 위해서 메기 그림 이야기를 이어 가기로 했다.

장치의 이름은 '디지털 메기'(デジタルなまず)이다. 디지털 메기는 '메기가 그려진' 장치이기도 하지만, 장치 그 자체로 '메기'라고 불렸다. 단지, 앞에 '디지털'이 덧붙여져 있을 뿐 장치는 그 자체로서 메기 그림을 표면에 지니고 있는 변신 메기였던 것이다. 그림 속에서 신화적 존재가 되었던 메기, 실험실 수조 안에서 대상이 되었던 메기는 이제 첨단 정보기술과 접속하고 있는 장치로 그 모습을 드러냈다. 지진유발자 메기와 지진예지자 메기가 각각 다른 방식으로 지진과 연루되었던 것과 마찬가지로, 세 번째 메기 역시 나름의 방식으로 지진과 연루되어 있었다.

지진은 장치로 목소리를 낸다. 지진을 연구해 온 필자에게 장치는 익숙하다. 돗토리현 산간지역의 폐쇄된 광산 갱도 안에 외로이 4기의 지진계가 놓여 있다. 오사카시 북부의 아부야마산(阿武山)에는 흙과 나뭇잎에 덮여 작은 지진이 일어나기만을 기다리는 수천 개의 미소지진계(微小地震計)가 매복하고 있다. 교토부에 있는 방재연구소에는 여러 지진계로부터 탐지된 지진파를 기록하고 계산하는 서버들의 방이 있다. K-net, Hi-net, Kik-net이라고 불리는 지진계의 여러 종족들이 서로 다른 진폭과 주기의 목소리를 생산한다. 연구소로부터 파견된 수천, 수만 대의 지진계들이 지진파를 보내오고, 서버들의 방에서는 항시 지구의 진동을 그려내는 지진파의 그래프가 흐른다. 지진이 목소리를 내고 살아 숨쉬게 하는 이 생명유지 장치의 네트워크를 따라다니면 지구로부터 연구소로 흘러들어 오는 지구의 박동을 듣고 볼 수 있다(이강원 2012, 2014).

그런데 디지털 메기의 서식지는 이 장치들이 있는 곳과는 조금 다른 곳에 걸쳐 있다. 필자가 처음 디지털 메기를 본 곳은 일반 시민의 주택과 스마트폰의 앱이었다. 지진계들이 외딴곳에 설치되어 있고, 서버가 연구소 안에 놓여 있는 데 비해서 디지털 메기는 사람들의 집 안과 손안에 들어가 있었다. 지진에 관련된 장치의 지리학을 쓴다면, 관측점, 연구소, 기상청, 방송국, 가정집, 손으로 지진의 목소리가 흐르는 네트워크의 범위가 넓어져 온 과정을 보여줄 수 있을 것이다. 장치가 개입된 이상 지진과 시민들의 일상 양쪽에 흥미로운 변화가 일어날 것이라 예감할 수 있다.[11]

....

11) 장치의 개입으로 재현에 차이가 생산되고, 장치로 매개되는 사람과 물질의 존재 양식이 생성되는 과정에 대해서는 임소연·하대청·이강원(2013)의 장치에 대한 논의를 참고할 것.

이 장에서는 이 '외래 장치'의 방문으로 장치 한가운데서 살아가는 일본 시민들의 일상에 어떤 변화가 일어나고 있는 지, 사람들에게 디지털 메기가 어떻게 받아들여지고 있는지, 디지털 메기가 전달하는 '손안의 지진'은 어떠한 지진인지를 이야기하려 한다. 이 장에서 디지털 메기는 일본 시민의 일상에 찾아온 생소한 '외지인'(よそ者)처럼 다뤄질 것이다. 호기심과 두려움을 동시에 불러일으키는 외지인과 지진을 알리는 외래 장치 사이에서 비슷한 정서적 반응을 찾을 수 있기 때문이다. 일본어에서는 사람을 뜻하는 '者'와 물질을 뜻하는 '物'은 모두 '모노'(モノ)라고 발음된다. 그래서 디지털 메기를 사람과 물질을 구별하지 않는 용어로서 '외지물'(よそモノ)이라고 부르는 것이 더 정확할 수 있다. 여기서 말하는 외지물은 외지 인물, 외지 동식물, 외지 사물 모두를 포함한다. 인간과 비인간을 구별하지 않고, 일상에 변화를 가져오는 존재를 '외지물'이라고 부르겠다. 이 외지물, 디지털 메기를 주인공으로 다시 한번 이야기의 전개에 필요한 질문을 만들어 보자. 사람들은 디지털 메기를 두려워하는가, 디지털 메기와 함께 사는 법을 알게 되었는가, 사람들은 제1, 제2, 그리고 제3의 변신 메기를 잘 구별할 수 있는가, 디지털 메기는 일본 사회의 구성원으로서 인정받고 있는가?

그런데 위의 질문들이 인류학 연구로서 의미 있으려면, 외지물 디지털 메기의 정착을 가로막고 있던 문화 개념의 배타성을 알아차릴 필요가 있다. 디지털 메기는 일본 시민의 일상에 대해서도 외지물이지만, 문화에 대해서도 외지물이다. '공유된 인식과 생활양식'으로 정의되는 문화 개념 속에는 새로 등장한 기계 장치와 같은 기술적 대상의 자리는 마련되어 있지 않았다. 문화는 외지인에 배타적인 공동체처럼 특히 산업사회 이후의 기계 장치를 배제해 왔다. 연구자들은 행동이 '고정'되어 있고, '수동적'으로 반복할 뿐이며, 동시에 '인간적인' 것을 위협하고 인간을 '소외시키는' 기계 장치에 '문화'라는 이름을 지어 주는 데 망설여 왔다. "기계적"이란 수식어는 "인간적", "문화적"이지 못한 무언가로 다뤄지면서 기계와 구별되는 문화의 독특함을 설명하는 데 활용된다. 그 결과, 문화는 "기술적 대상에 대한 방어기제"(시몽동 2011: 9)로서 기계 장치를 행위와 관계로부터 배제해서 보이지 않게 만든다. 현대 사람들이 장치 한가운데서 살고 있음에도 불구하고, 기계 장치를 매개로 한 관계는 문화 개념을 통해서 부인되어 왔다. 문화는 이러한 부인과 방어를 위한 심리사회적 장치로서 기계 장치와 마찬가지로 근대산업사회의 발명품이기도 하다.

그래서 디지털 메기가 '일본문화'와 잘 지내는지 따라가 보는 여정은 기술과 문화의 관계에 대한 철학적, 인류학적 쟁점을 동반한다. '문화'는 기술에 대한 방어기제의 위치에서 벗어나 기술을 구성원으로 받아 들일 수 있는가? 인류학은 '문화' 개념을 통해서 기술과 종교, 과학과 윤리에 걸쳐 있는 공통된 감각 혹은 상식(common sense)을 협상하는 데 참여할 수 있는가? 디지털 메기를 따라가는 모험은 이 문화의 방어선을 넘어 새로운 삶 양식의 경계를 그리는 여정이기도 하다. 이 모험은 경험 속에서 발현하는 '위험한' 개념을 빚어내는 자유롭고 야성적인 모험이다. 문화와 기술을 이분하지 않고도, 장치를 매개로 생성하는 '공유된 삶의 양식'을 기술하는 실험이다.

'다행'인 것은 기술결정론과 사회결정론으로 대립했던 기술/사회의 관계와 달리, 기술과 문화의 관계가 노골적으로 적대적인 사례가 많지 않았다는 점이다. 휴대폰에 대한 문화론적인 기술 연구(김찬호 2008)와 문화를 융합한 기술개발인 "문화기술"(김효영·박진완 2013) 연구는 각각 기술과 문화의 융합과 상호작용에 우호적인 태도를 지니고 있다. 과학기술인류학과 생태인류학을 비롯해서 인류학의 여러 분야에서도 혼종(hybrid), 연합(association), 뒤얽힘(entanglement)의 개념으로 문화/기술 이원론을 벗어나고 있다. 이러한 연구들은 '기술 혁신의 내재적 특성'을 배제하지 않으면서도 '생성을 이끄는 도식(圖式)으로서의 문화'를 고려한다. 그리고 이 둘을 매개하는 장치가 새로운 삶의 양식의 출현에 기여한다는 점을 강조한다. 장치 한가운데서 살아가는 우리는 혼종이 증가하고, 뒤얽힘이 복잡해지고, 연합이 확장되고, 재현물들이 다채로워지는 세계 속에 살고 있다.[12]

....

12) 과학기술인류학의 전개에 대해서는 이강원(2013a)의 연구를, 생태인류학의 전개에 대해서는 이선화(2015)의 연구를, 친족, 병, 성의 인류학에 대해서는 이강원(2013b)의 연구를 참고할 것.

메기를 따라온 필자와 같은 연구자는 메기가 첨단 장치가 되었다고 해서 그 메기에 무심할 수도, 무지할 수도, 무관할 수도 없다. '장치 한가운데서의 삶'이란 말은 삶(생존, 생활, 생명, 생태)이 장치를 매개로 이뤄진다는 점을 강조한다. 그래서 디지털 메기의 일상으로의 개입에 다음과 같은 마지막 질문을 덧붙인다. 인류학자는 디지털 메기라는 존재에 대해 잘 이야기해 줄 수 있는가, 인류학자는 '장치 한가운데서 살아가는 방식'을 말해 줄 개념을 갖고 있는가? 필자는 기술과 종교를 아우르는 실천을 일컫는 말로 "테크노-토테미즘"(이강원 2016)이란 말을 제시한 바 있다. 이 장에서 동행하는 디지털 메기 역시 테크노-토테미즘의 연장선상에 있으며, 그 여정의 끝에는 문화와 기술로 이분되기 전 실천을 일컫는 말이 기다리고 있다. 필자는 그 실천을 일컫는 말로 '기술 의례'와 '실험적 제의'를 제안한다.

9. 세 번째 명제:
"메기는 흔들림이 오기 전에 안다"

또 다른 메기 그림이다(그림 16). 에도 시대의 민중이 구입
했던 메기 그림의 정교함과 너스레도 없고, 보철장치를 하고
과학자들의 논문에 삽입된 조악한 메기 그림도 아니다. 새로
운 메기는 매우 단순한 모습으로 그려져 있다. 노란색의 피부
와 검은색의 윤곽이 전부이다. 단, 머리에 안테나가 솟아 나와
전파를 내보내고 있다는 점이 특징이다. 이 단순한 모습을 한
변신 메기의 이름은 '유레룬'(ゆれるん)[13]이다. '유레룬'은
긴급지진속보 이용자협의회의 공모를 통해 당선된 이름으로,
'흔들리다'를 의미하는 일본어인 '유레루'(ゆれる)에서 이름
을 따왔다. 유레룬의 안테나는 '흔들린다!'는 소식을 사람과
사물에게 전달한다.

....

13) 緊急地震速報利用者協議会, "緊急地震速報のロゴマークとピク
トグラムの制定,"hhttp://www.jmbsc.or.jp/hp/topics/0707/
logo_pict0707.pdf (2016.11.15. 접속).

[그림 16] 긴급지진속보 이용자협의회의 로고 마크, '유레룬'(ゆれるん). 메기 그림 아래에는 "긴급지진속보, 오기 전에 안다"라고 적혀 있다(緊急地震速報利用者協議会, "緊急地震速報のロゴマークとピクトグラムの制定," http://www.jmbsc.or.jp/hp/topics/0707/logo_pict0707.pdf(2016.11.15. 접속).

메기 그림 아래에는 "긴급지진속보", "오기 전에 안다."라는 문장이 덧붙여져 있다. "오기 전에 안다."란 문장의 주어가 지진인지, 흔들림인지, 지진학자인지, 지진계인지, 긴급지진속보 네트워크인지, 공장이나 고속철인지, 일반 주민들인지는 분명하지 않다. 단지 그림 상으로 문장의 논리적 주어가 긴급지진속보를 대표하며 "흔들린다"를 외치는 유레룬인 것만은 분명하다. 그래서 유레룬이 알면 다른 모든 사람과 사물도 "흔들림이 오기 전에 안다."

유레룬의 모습이 단순한 이유는 "흔들림이 오기 전에 안다."는 명제에 이바지하는 요소들 외에는 모두 다듬어져 제거되었기 때문이다. 메기는 오로지 "흔들림이 오기 전에 안다."

는 가능성 때문에 먹히기 좋게 가공된 식량이 되었다.14)

실제로 유레룬은 긴급지진속보 홍보 포스터에 활용되고 있다. 긴급지진속보의 네트워크가 도달한 곳이라면 어디든 유레룬의 모습이 보인다. 그리고 그곳에 있는 사람과 사물은 "흔들림이 오기 전에 안다."라고 하는 새로운 명제가 발하는 "느낌"[感, feeling](화이트헤드 2005: 516-517)에 이 끌리느냐 마느냐의 기로에 서게 된다. 유레룬이 등장하는 장소들을 되짚어 가면 이 가능성의 느낌에 이끌려 모여든 여러 사람과 사물의 집단들을 만날 수 있게 된다.

여기서 유레룬이 정말로 흔들림이 오기 전에 알 수 있는지에 대한 판단은 접어두자. '기껏해야 로고마크일 뿐 유레룬이 지진 재해 감소에 큰 의미가 있을까?'라는 의문도 우선은 거두어두자. 긴급지진속보의 로고마크는 '지진과 메기의 관련성' 그 자체를 동원함으로써 긴급지진속보에 강렬한 인상을 주기에는 충분하다. 중요한 것은 "흔들림이 오기 전에 안다."라는 명제의 주어 자리에 유레룬 말고도 어떤 사람과 사물이 이 더해질지, 그리고 이 사람과 사물 간의 관계는 어떻게 맺어지고 있는지, 그리고 이 새로운 변신 메기가 사는 세계와

....

14) 에도의 민중은 지진유발자 메기를 떼려잡고 구워삶아 먹으며 지진 회피의 주술을 행했다. 유레룬 역시 긴급지진속보를 위해서 요리된다. 즉 명제의 가능성을 위해서 논리적 주어는 먹기 좋게 다듬어져야 한다.

이전의 변신 메기가 살던 세계가 어떻게 다를지를 따라가 보는 것이다. 그러면 판단의 유보가 가져온 커다란 변화를 발견할 수 있다.

2009년부터 2010년까지 필자는 일본 교토대학 부설 방재연구소(DPRI)에서 현지연구를 하고 있었다. 현지연구의 초반에 대지진을 미리 감지하고 이를 알리기 위한 상이한 방식들을 구별해 내는 데 많은 시간을 보냈다. 특히, '예지'(予知), '예측'(予測), '예보'(予報)와 같이 비슷하면서도 전혀 다른 시공간을 전제하고 있는 용어들이 혼란스러웠다. 연구소에는 ① '지진예지'를 연구하는 집단, ② '강진동 예측'을 연구하는 집단, ③ '긴급지진속보(예보)'를 연구하는 집단이 있었다. 이 세 연구 집단은 지진 재해가 일어난 후보다는 일어나기 전에 초점을 맞추고 있다는 점에서 공통점을 지니고 있었다. 모두 '미리'[予] 지진에 대해 알고[知], 헤아리고[測], 알리고자[報] 하는 연구자들의 모임이었다. 하지만, '미리'만 제외하면 세 연구 집단은 전혀 다른 명제를 통해서 지진에 관여하고 있음을 현지연구를 진행하면서 점차 알게 되었다.

필자는 이미 "메기의 이상행동은 지진의 전조이다."라는 명제를 통해서 지진예지의 명제를 만난 적이 있다(이강원 2016). 실험실 수조 속의 메기는 연구자들의 보살핌과 보철장치를 통해서 지진이 일어나기 며칠 전에 지전류를 감지해서 약 30%의 확률로 지진을 예지할 수 있었다. 이 지진예지자 메기가 존재하기 위해서는 "지진이 일어나기 전에 안다."는 명제가 전제되어야 한다. "메기의 이상행동은 지진의 전조이다. 메기의 이상행동을 관찰하면 지진이 일어나기 전에 안다."란 명제가 지진예지자 메기 명제의 전모(全貌)이다. 분명한 것은 메기의 지진예지든, 지진계를 통한 지진예지든, 모두 "지진이 일어나기 전에 안다."라고 하는 명제를 자명한 것으로 만들고 있다.

① 지진예지를 연구하는 집단은 "지진계와 GPS로 활성단층과 해구의 움직임을 관측하면 지진이 일어나기 3~4일 전에 미리 알 수 있다."[豫知]는 제안을 해 왔다. 문제는 지진예지의 명제가 다른 명제에 의해서 부정적으로 인용되고, 전제가 되는 질서가 폭로되면서부터 시작된다. 필자가 현지연구를 하던 기간에는 이미 지진예지의 명제가 발하는 유혹의 강도가 수그러들고 있었다. 1995년 1월 고베대지진(한신아와지대진재)이 일어난지 6개월 이후 문부과학성의 지진예지추진본부가 폐지되었다. 1997년 6월에는 측지학(測地学)심의회가 "지진예지의 실현은 당장은 곤란하다."는 선언을 발표했다. 1999년 NATURE지를 통해서 5주간 진행된 지진예지 논쟁에서 도쿄대의 지진학자 겔러(Robert J. Geller)는 "지진예지: 이 논쟁이 필요한가?"[15]라는 질문을 던지며 지진예지 연구에 비

....

15) NATURE, "Is the reliable prediction of individual earthquakes a realistic scientific goal?," http://www.nature.com/nature/debates/earthquake/(2016.10.22 접속)

관적인 전망을 했다. 2006년에 이르러서는 지진예지는 이미 지나간 과거의 일처럼 인용되고 있었다.

> 1960년대에 10년 이내에 예지를 실현할 수 있다는 전망이 나왔고, 예지에 대한 기대가 고조되었다. 하지만 예지를 실현하려고 관측망의 정밀도를 높이면 높일수록, 지진발생기제의 복잡성으로 인해서 예지는 더더욱 어려워졌다. 이 시기의 연구는 과학으로서는 큰 의의가 있었다. 그러나 결과만 놓고 보면, 예지는 실현되지 않고 있다.[16]

1960년대라는 구체적 시간과 '과학의 진보'에 대한 누군가의 기대가 언급되면서 "지진이 일어나기 전에 안다."는 명제에 덧씌워진 시대적으로 특수한 맥락과 '근거 없는' 기대가 폭로된다. "관측점을 늘리면 지진이 일어나기 전에 안다."는 명제는 "관측점을 늘리면 늘릴수록, 지진발생기제의 복잡성으로 더더욱 지진이 일어나기 전에 알기 어려워진다."란 명제 속에서 부정적으로 인용되어 있다.

면담을 했던 방재연구소의 한 지진공학자는 지진예지는 그저 '꿈'일 뿐이라고 단언했다.

> 지진예지는 우리 일본인의 꿈이었습니다. 그런데 꿈과 대상이 어긋난 거지요. 말 그대로 지진예지는 꿈이예요. 꿈은 연

----

16) 和田, 章, 2006, "あなたの家は地震に耐えられるか", 『ニュートン―想定される日本の大地震』, Newton Press.

구 대상이 될 수 없겠지요. 꿈을 어떻게 꾸던 상관없겠지만, 과학은 역시 현실적인 대상을 다뤄야 하는 것이지요. 그 부분을 확실히 해 두지 않으면 안 됩니다.[17]

"지진이 일어나기 전에 안다."가 꿈속의 말이 된 이상, 더이상의 장치, 연구비, 연구 인력을 끌어들일 만한 유혹의 힘을 발휘하지 못하게 된다. 지진예지에 관심을 갖고 지원을 결정했던 정치인들은 예상된 지진들이 실제로 일어날지에 대해 의심을 품게 되었다. "이 장치들이 도움이 되지 않으니까 예지가 안 되고 있는 거 아닙니까? 학술적으로는 이해가 가기는 하지만, 관측망이 기능했다면, 고베 대지진에도 뭔가 예지를 했어야 하지 않겠습니까?"[18] 자주방재회에 참여한 주민도 "지진계로 관측점을 늘리는 것과 지역에서의 실질적인 방재 사이에 아무런 연관도 찾지 못하겠습니다."[19]라고 지진학자의 대중 강연회에서 문제를 제기했다. 2012년에 열린 지진학회의 토론에서는 "지진예지가 불가능하다는 것은 지진학자라면 누구나 알고 있습니다. 그런데도 예지 관련 예산을 받는 것은 이제는 그만 두는 것이 좋을 듯합니다."라는 언급이 나

....

17) 2010년 7월 9일 지진공학자 사와다 교수와의 면담.
18) 閣府中央防災会, "13.6.28 中央防災対策 第2回 中央防災会議議事録," http://www.bousai.go.jp/kaigirep/chuobou/2/gijiroku.html (2016.12.1. 접속).
19) 2010년 10월 8일 교토대학교 방재연구소 내부 학술회의 참여관찰.

왔다. "지진예지가 가능하다는 전제로 제정된 법(대규모지진 대책특별조치법)이 있기 때문에, 지진예지에 관련된 연구는 신청만 하면 연구비 나오는 시대가 계속되고 있다."[20]는 비판도 최근까지 계속되고 있다.[21]

"지진이 일어나기 전에 안다."는 명제가 의심을 받고, 비판을 받고, 사람들의 관심에서 멀어지면서 "메기의 이상행동은 지진의 전조이다"라는 지진예지자 메기의 유혹도 힘을 잃는다. 메기가 지진을 예지한다고 해도 그 확률은 30% 정도이다. 메기의 이상행동만으로 주민을 대피시키기에는 예지가 빗나갔을 때의 비용이 너무 크다. 연구를 넘어서 방재의 이행으로 나아갈수록 그 비용과 위험은 커진다.

더 이상 메기의 지진예지 가능성에 관한 연구 결과가 출판되지 않고, 메기 실험을 하는 연구자들은 극소수로 줄어들었다. 사람들에게 지진예지자 메기의 인상은 강하게 남아서 여전히 지진과 메기를 같이 떠올리는 사람은 많다. 그러나 메기를 통해 지진을 예지하고 지진 피해를 줄일 수 있다는 제안을 진지하게 받아들이는 사람들은 거의 찾아볼 수 없게 되었다.

다음으로, 건축공학자와 도시환경공학자들로 이루어진 강

....

20) 現代ビジネス, "「地震予知はムダ。いますぐやめたほうがいい」 東大地球物理者の警告", 2016.4.21.
21) 지진예지에 대한 일본 지진학자들의 심도 있는 논쟁에 대해서는 김범성(2012)의 연구를 참고할 것.

진동 예측 연구 집단은 ② "강한 흔들림을 미리 헤아린다"[豫測]는 명제를 매개로 모여 있다. 지진이 주기적으로 일어난다는 전제 하에서, 몇십 년(주로 30년) 내에 지진이 일어날 확률을 계산하고 그 지진이 특정지역에 도달했을 때의 진도를 예측한다. 그리고 이 작업을 여러 예상된 지진들에 대해 반복함으로써, 지진동 해저드맵을 얻을 수 있다. 강한 흔들림(강진동)이 나타날 확률이 높은 지역은 해저드맵 상에서 빨간색에 가까워진다. '지진이 언제, 어디서, 어떤 규모로 일어날지 미리 알 수 없는가? 그렇다면, 지진이 일어나고 나서 닥쳐올 강한 흔들림의 확률을 미리 계산해 두면 피해를 줄일 수 있을 것이다'라는 제안을 동반한다. 그래서 쟁점은 활성단층과 해구에 대한 관측점을 늘리는 것이 아니라, 지진파가 도달하는 지표면의 흔들림을 미리 계산하는 쪽으로 이동했다.[22]

　필자가 현지연구를 하는 중에는 이 두 번째 제안이 많은 관심을 끌고 있었다. 지자체들은 연구자들의 강진동 예측을 통해서 지역별 지진 해저드맵을 작성했고, 이를 근거로 방재계획을 수립하고 있었다. 하지만, 2011년 3월 11일 동일본대진재와 2016년 4월 14일의 구마모토지진이 일어나면서 "강한 흔들림을 미리 헤아린다."는 명제 역시 힘을 잃고 있다. 문부과학성의 지진조사연구추진본부가 제작한 지진동예측지도

....

22) 京都市防災会議, 2011, 『京都市地域防災計画—震災対策編』, 京都市.

(해저드맵)에는 구마모토에 30년 이내 진도 6약 이상의 흔들림이 일어날 확률은 8%에 지나지 않았다. 이에 비해서, 요코하마시는 78%, 치바시는 73%였다. 이와 같은 불일치는 2011년 동일본대진재에서도 거의 유사했다. 앞에서 지진예지의 무용성을 주장했던 겔러는 강진동 예측의 명제를 '현혹'이라는 명제 속에 위치시키고 있다. "예지할 수 없는 이상, 쓸데없이 사람을 현혹시키는 해저드맵은 폐지해야 한다. 특정 지역이 아니라, 전국 단위로 '예상치 못한 위험에 대비하라'고 권고해야 할 것이다."(Geller 2011) '유혹'이 아닌 '현혹'으로, 명제가 부정적으로 인용될수록 연구자, 지자체, 연구비, 기업 등의 동맹은 명제로부터 떨어져 나간다.

예지의 '꿈'은 1995년 고베대지진 이후 좌절되었다. 예측에 대한 기대는 2011년 동일본대진재와 2016년 구마모토지진 이후 기대에 못 미치는 '분함'의 감정으로 이어졌다. 필자는 이 좌절과 분함의 분위기 속에서 세 번째 명제인 '예보'의 운명에 대해 관심을 갖게 되었다. 그리고 ③ "흔들림이 오기 전에 안다"[豫報]라는 긴급지진속보 명제의 행방을 추적하기 시작했다. 그리고 예상치 못하게 필자는 위에서 언급한 새로운 변신 메기, 유레룬과 다시 마주친 것이다. 유레룬은 어디에 사는가? 그리고 이전의 '예지'와 '예측'의 세계와 유레룬이 사는 '예보'의 세계는 어떻게 다른가?

긴급지진속보 연구자들은 그들의 논문에 예보를 가능하게 하는 세계상[23]을 복잡한 수식으로 그려 놓았다. 그리고 이 수

IV. 지진전달자로서의 메기

식을 '신속함과 정확함의 거래(trade-off)'(Wu et al. 2007, Wu and Kanamori 2008)라는 말로 설명하고 있었다. 음식이든 정보든 신속·정확한 배달이 가장 이상적이다. 긴급지진속보 역시 신속하고 정확하게 지진의 흔들림을 미리 알릴 수 있다면 이상적인 감재(減災) 기술이라 할 수 있다. 하지만 현실에서는 신속할수록 정확도가 떨어지거나, 정확할수록 신속함이 떨어진다. 흔들림의 정확성을 극대화하고 싶다면 연구자들은 지진파의 처음부터 끝까지 모두를 관측하면 된다. 대신, 여러 지역이 이미 큰 피해를 입고 난 후 계산이 끝날 것이다. 정확성을 높이다가 흔들림에 대비할 시간은 사라지는 것이다. 이에 반해, 신속성을 극대화하고 싶다면 지진파의 초반만 관측해서 다가올 흔들림을 계산할 수도 있다. 대신, 흔들림의 세기를 정확하게 산출하기 어려워져 잘못된 예보로 혼란을 초래할 수 있다. 이렇게 "흔들림이 오기 전에 안다."는 명제를 제시한 긴급지진속보 연구자들은 이 정확함과 신속함 간의 기로(岐路)'에 서게 되었다.

긴급지진속보를 제안한 연구자 집단은 정확함과 신속함 중 하나를 택하고 나머지를 포기하지는 않았다. 이들은 둘 사이

....

23) 세계상은 '질서의 구도(構圖)'라고 바꿔 말할 수 있다. 세계상(世界像)의 정의, 세계상과 세계관(世界觀)의 차이, 그리고 그 차이에서 비롯하는 행위에 대한 논의에 대해서는 이강원(2014)의 연구를 참고할 것.

적절한 수준에서 타협을 했다. 땅을 위아래로 흔드는 P파의 속도는 초속 6센티미터이다. 땅을 좌우로 흔드는 S파의 속도는 초속 3.3센티미터이다. 그래서 P파가 지진계에 먼저 도달하고 큰 피해를 입히는 S파는 늦게 도착한다. 연구자들은 '3초간의 P파'만 계산해서 정확성은 조금 떨어지더라도 신속하게 예보를 한다면, S파가 도달하기 약 3~20초 정도의 시간을 벌수 있다는 점을 알게 되었다.

이렇게 해서 긴급지진속보는 지진이 일어나기 전이 아니라 지진이 일어난 직후에 시간적 초점이 맞추어져 있다. 그리고 지진이 일어난 곳이 아니라 흔들림이 도달할 지점에 공간적 초점이 맞추어져 있다. 그래서 긴급지진속보는 ① 지진이 일어난 직후 ② 아직 흔들림이 전달되지 않은 곳에 ③ 흔들림을 미리 알린다. '지진은 이미 일어났지만, 흔들림은 아직 오지 않은' 그 짧은 시간 (약 3~20초)을 활용해서 피해를 줄일 수 있다.

나는 지진전달자 메기, 유레룬을 따라서 이 정확성과 신속성의 거래가 이루어지는 세계로 진입했다. 이곳은 초단위로 계산되고 지진파보다 빨리 생성되고 빨리 움직이는 공간이다. 예지의 세계가 3~4일의 세계이고, 예측의 세계가 30년의 세계라면, 예보의 세계는 3~20초의 세계이다.

10. 디지털 메기의 서식지:
네트는 광대하다

지진전달자 메기가 서식할 세계상이 그려졌다고 해도 세계 자체가 구성된 것은 아니다. "흔들림이 오기 전에 안다."는 명제적 느낌에 감응하는 사람과 사물들을 끌어들여 예보가 힘을 발휘하는 서식지를 마련해야 한다. 그 서식지는 정확함과 신속함의 거래라고 하는 세계상에 따라 질서 지워지는 시공간 이다. 서식지에 거주하는 모든 사람과 사물이 '거래'라는 세계 상에 따라 행동하게 될 때 서식지의 질서가 잡힌다. 그래서 지진전달자 메기는 주어진 환경에 적응해서 서식지를 마련하 는 흔히 알려진 생태학적 지식을 따르지 않는다. 대신, "적응 그 자체를 통해 환경을 창조"(시몽동 2011: 82)하는 도약을 일구어 낸다. 명제의 느낌에 감응하는 사람과 사물과 더불어 자신이 적응할 환경을 스스로 만든다. 그 결과, 지진전달자 메기가 생존하면 지진전달자와 함께 사는 사람과 사물도 생존 할 수 있다. 이 새로운 서식지에서 디지털 메기가 출현했다.

디지털 메기는 긴급지진 속보 네트워크의 말단(末端)에 위

[그림 17] 디지털나마즈(デジタルなまず, "気象庁緊急時神速報受信装置デジ
タルなまず," http://www.digitalnamazu.com/(2016.12.13. 접속))

치하고 있는 단말기(端末機)이다. 케이블 TV연결망이나 인터
넷 연결망에 접속해서 기상청에서 발송되는 긴급지진속보를
전달하는 장치이다.[24] 로고마크에 불과했던 유레룬에 비해서
디지털 메기는 기계장치의 몸을 지니고 있다. 본체(本體)와
보조 장치가 한 조[親子]로 구성되어 있다. 그리고 디지털 메
기의 표면에는 미소를 머금은 메기 그림이 그려져 있다. 메기
의 수염은 지진파의 모양으로 변했고, 심장은 흔들림의 박동
을 표현한다. 수염과 심장은 디지털 메기가 흔들림을 수신하
고 전달하는 데 민감(敏感)한 몸을 지니고 있음을 보여준다.

....

24) デジタルなまず, "気象庁緊急時神速報受信装置デジタルなまず,"
   http://www.digitalnamazu.com/(2016.12.13. 접속).

속보의 발신에 적합하게 안테나가 솟아 나와 있는 유레룬과 달리, 디지털 메기는 속보의 수신에 적합한 몸으로 변했음[變身]을 알 수 있다.

디지털 메기는 경보를 울리고 다가올 흔들림의 진도를 알린 다음, 카운트다운을 시작한다. "진도 6약(弱), 10초. 10, 9, 8, 7……, 1……." 디지 털 메기가 "흔들림이 오기 전에 알고서" 카운트다운을 시작하면, 사람과 사물 역시 "흔들림이 오기 전에 알고" 그에 대비한다. '흔들린다'고 외치는 목소리는 포스터 속의 이미지에서 나와 집과 일터에 놓여 있는 디지털 메기를 통해 사람들에게 울려 퍼진다. 수신기를 통해 긴급지진속보에 접속하는 여러 집단에게는 '흔들림이 오기 몇 초 전'이라는 새로운 시공간이 주어진다. 긴급지진속보가 제공하는 초 단위의 시공간에 관심을 갖는 집단이 많아질수록 디지털 메기의 서식지는 확장된다. 그래서 긴급지진속보의 수신장치를 갖춘 집단들의 수를 세는 것은 디지털 메기의 서식지의 규모를 가늠하는 것이기도 하다.

긴급지진속보에 가장 관심이 많을 집단은 보육원, 유치원, 학교의 아이들이다. '흔들림이 오기 전에 안다면, 아이들에게 3~15초의 시간이 주어 질 것이고, 대피 훈련을 통해 아이들은 책상이나 탁자 밑으로 몸을 숨겨서 높은 곳에서 떨어지는 물건들로부터 입는 부상을 일시적으로 예방할 수 있다.' 복도에 있는 아이들은 창문에서 멀리 떨어진다. 계단을 오르내리는 아이들은 난간을 꽉 붙잡는다. 독서실에서는 책장에 거리를 둔다. 화장실에서는 문을 열어두고 머리를 감싼다. 이미 흔들리고 있을 때 흔들림에 반응하는 것보다는 흔들림이 오기 전에 마음을 준비하고 몸을 피하는 것이 피해를 훨씬 줄일 수 있다.

긴급지진속보와 아이들을 매개하는 여러 사물과 사람이 서식지에 추가된다. 학교, 보육원, 유치원들은 "흔들림이 오기 전에 안다."는 명제의 느낌, 그 가능성에 감응해서 긴급지진속보 단말기를 설치하고 평상시 아이들을 훈련시키고, 관련된 규정을 만들어 제도화했다. 문부과학성은 2012년부터 3년간 전국의 국공립학교 5만2,000 곳에 긴급지진속보를 도입하는 방침을 세웠다. 그리고 2011년 3월 11일 동일본대진재에서 긴급지진속보 수신기를 설치해서 피난훈련을 했던 초등학교 아이들이 흔들림이 도달하기 전에 책상 아래로 몸을 숨겨서 다치지 않고 침착하게 피난할 수 있었다는 사례를 유포했다. 평소 훈련에 참여하는 아이들은 이렇게 명제, 수신장치, 방송장비, 성공 사례들, 사전훈련 지도안(案), 교육을 받은 선생님들과의 훈련을 통해 긴급지진속보에 적합하게 반응할 수 있는 몸으로 바뀐다. 아이들과 선생님들은 경보가 울릴 때, 당황해서 꼼짝하지 못하거나, '평소처럼 별일 없겠지' 하며 평상시 그대로 가만히 있거나[25], 막무가내로 밖으로 뛰쳐나가는 몸

....

25) 재난 심리학에서는 이러한 반응을 "정상성의 편견"(矢守 2009)이라고 부른다.

을 지니고 있었다. 교육과 훈련 후 스스로 침착한 마음과 행동하는 방법을 익힌 후에는 경보가 울려도 침착하게 책상 밑으로 몸을 숨기는 행동을 '별 의식 없이' 할 수 있는 몸을 지니고 있게 된다. 이 변형된 몸을 매개로 아이들은 "흔들림이 오기 전에 안다."는 느낌으로 연결되어 디지털 메기와 감응하는(affected) 연망 속에 거주하게 되었다. 방재 교육학 연구자들은 훈련 프로그램을 개발하고, 훈련 과정을 기록하고, 아이들과 선생님들을 인터뷰해서 긴급지진속보가 학교에서의 방재교육에 어떤 효과(effect)를 가져 오는지에 대해 기록한다(永田俊光·木村玲欧 2013).

공장이나 위험물 저장시설 역시 긴급지진속보에 중요한 이해관계 당사자이다. 반도체 공장의 경우 흔들림이 오기 전 유해가스와 약품의 공급 시스템을 자동으로 차단할 수 있다. 그리고 고가의 장비들을 자동으로 지면과 분리시켜서 장비가 흔들려 파손되는 것을 예방할 수 있다. 그리고 흔들림이 사라지면 공장을 다시 가동하면 된다. 이 모든 것이 흔들림이 오기 전에 확보된 10여 초의 짧은 시간 덕분에 가능하다. 일본에서는 반도체를 생산하는 청정실(클린룸)이 지진으로 피해를 입어 기업이 도산한 사례가 있다(河田 2009). 실리콘 기판 표면의 불순물을 고열로 확산시키는 확산로, 반도체소자 제조의 재료인 실리콘웨이퍼, 회로를 웨이퍼에 굽는 정밀 장치인 노광장비는 피해를 입으면 빨리 조달하기도 힘들고 생산 공정에 맞게 조절하는 데도 수일이 걸려서 수억 엔 규모의

피해로 이어진다.[26)]

긴급지진속보 수신기와 연동되어 있는 청정실의 장비들 역시 "흔들림 이 오기 전에 안다."는 명제의 느낌을 공장의 인력 및 장비들과 공유하고 있다. 디지털 메기가 흔들림이 오기 전에 알면, 청정실의 장비들 역시 흔들림이 오기 전에 알고서 지면과 거리를 두고 유해 가스와 약품의 공급을 스스로 정지시킨다. 학교와 보육원의 아이들이 지진이 오기 몇 초 전 미리 몸을 피할 할 수 있는 것처럼, 청정실의 장비들 역시 다른 장비와 상호 감응하면서 몸을 피한다. 그리고 아이들이 '별 의식 없이' 훈련된 대로 행동했던 것처럼, 장비들 역시 '별 의식 없이', 인간의 개입 없이도 자동으로 움직인다. 물론, 이 '자동적인' 움직임은 인간이 사전에 조정을 해서 가능해진 것이다. 그러나 이 조정이 가능하기 위해서는 긴급지진속보를 구성 하고 있는 수많은 장치들의 힘을 빌어야 한다. 그래서 장비들의 자동적인 '행위'가 사람의 것인지 기계의 것인지는 그리 중요하지 않다. 장치를 갖추고 몸을 바꾸는 과정을 통해서 기계의 몸과 사람의 몸은 서로 영향을 주고받게 되었다. 메기의 변신과 마찬가지로 사람과 장비 모두 변신을 통해서

....

26) 藤繩, 幸雄, 2008, "岩手·宮城内陸地震で実証された成果—緊急地震速報の新たな可能性—", 『緊急地震速報スーパーガイド:「効果」への疑問にすべて答える!システム導入の手引書』, アース工房.

"흔들림이 오기 전에 아는" 명제적 느낌을 주고받는 정동(情動)의 연쇄 속에 있다는 점에 주목하길 바란다.27)

공장을 보유한 기업들은 긴급지진속보와의 접속을 통해서 큰 지진이 일어난 후에도 곧바로 공장을 재가동시킬 수 있다. 그래서 긴급지진속보는 사업계속계획(BCP, Business conti-nuity plan) 혹은 사업계속관리(BCM, Business continuity ma-nagement)의 중요한 요소로 포함되기도 한다. 사업 계속 관리를 위해서 긴급지진속보를 활용한다면, 기업들은 지진 이후 빠르게 제조라인을 복구하거나, 지진에도 불구하고 조업을 계속하는 일이 가능해진다. 그리고 사업계속관리를 구축한 기업은 그만큼 사업자로서의 신뢰를 얻을 수 있다. 국가 혹은 사회 전반에 크게 영향을 끼치는 기업인 경우에는 기업이 사회적 책임을 재난으로 인해 방기하는 위험을 감소시킬 수 있다. 긴급지진속보는 공장설비만이 아니라 공장 가동과 사업의 지속에 필요한 교통, 통신, 공급계 라이프라인의 위기관리와 밀접하게 연계되어 있기 때문이다. 이로써 긴급지진속보는 사업계속계획을 연구하는 경영학자를 매개로 그 서식지를

....

27) 느낌, 감응(정동)은 흔히 인간의 심리를 기술하는 용어로 활용되고 있다. 하지만 철학과 과학기술인류학에서는 명제, 기계, 동물, 물질 그리고 인간의 관계를 기술하는 데도 활용된다. 인간뿐 아니라 비인간 역시 느끼고 감응한다. 그리고 인간과 비인간 사이에도 느낌을 공유하고 주고받으며 상호 영향을 주고받는 정동이 가능하다.

경영학의 분야까지 넓혔다. 방재교육학과 경영학 같은 분과 학문이 긴급지진속보 기술을 통해서 "흔들림이 오기 전에 안다."는 가능성을 공유하고 있음을 알 수 있다.

고속철을 포함한 철도에 문제가 되는 것은 흔들림이 오기 전에 멈추어야 할지 아니면, 그대로 달려야 할지를 판단하는 것이다. 고속철은 움직이는 물체라는 점에서 흔들림의 영향이 위치에 따라 급변하게 된다. 인공위성을 통해 긴급지진속보를 수신하고, GPS 위치감지기를 활용해서 위치에 따른 지진 영향을 계산하면서 '이동하는 몸'으로서의 관심사를 고려할 수 있다. 행정기관, 방송국, 병원, 가정집, 개인 역시 서로 다른 관심사로 긴급지진속보와 접속하면서 디지털 메기의 서식지의 확장에 참여하고 있다.

이 다양한 이해관계 집단은 서로 다른 관심사에 따라 수신장치를 설치해서 긴급지진속보와 접속하고 있다. 그럼에도 불구하고 "흔들림이 오기 전에 안다."라는 명제적 느낌을 공유하고 있으며 '신속성과 정확성의 거래'의 세계를 구성하는데 참여하고 있다. 즉 참여 집단들은 신속하기는 한데 정확하지 못할 수 있다는 점을 받아들임으로써 이 '가능성'을 공유하고 있다. 긴급지진속보가 제공하는 예상 진도가 ±1 정도로 틀릴 수 있다는 점을 받아들여야 한다. 그리고 지하 바로 밑에서 지진이 일어나는 직하 지진의 경우 P파와 S파가 거의 같이 도착해서 예보 자체가 불가능하다는 한계도 받아들여야 한다. 한계를 수긍해야 흔들림이 오기 전 몇 초의 시간을 얻

IV. 지진전달자로서의 메기

을 수 있는 '공동 운명체'에 가입할 수 있다.

만약 흔들림이 도달할 시간과 진도에 대해 '과도한' 정확함을 요구하는 경우에는 이 세계에서 살 수 없다. 그래서 긴급지진속보의 교육과 훈련에 반드시 포함되는 것이 긴급지진속보의 '어쩔 수 없는 한계'에 대한 교육이다. 이러한 세계에서는 속보의 정확성에 대해 의심하면서도 일단은 침착하게 마음을 준비하고 재빠르게 몸을 움직이는 '타협'이 새로운 미덕이 된다.

이렇게 해서 판단의 기준이 바뀌었다. 지진예지의 경우, 3~4일 전 대피 경보가 발령되면 법률에 따라 위험 지역의 경제활동들이 정지되고 대대적인 주민 소산(evacuation)이 시작되어야 한다. 만약 예지가 빗나가서 지진이 일어나지 않았다고 해도 대규모 사회적·경제적 손실이 발생한다. 그래서 지진학자들이 신속하게 예지하고 경보를 내리는 데 큰 부담을 질 수 밖에 없다. 지진예지에 의존해 온 이탈리아의 사례가 이를 잘 보여준다. 이탈리아의 지진학자들은 곧 일어날 지진에 대해 정확한 정보가 부족 했다. 정확성을 높이기 위해서 신속하게 경보를 발령하는 데 주저했다. 만약 경보를 발령했는데 지진이 일어나지 않으면 사회적·경제적 손실 역시 매우 클 것으로 예상되었기 때문이다. 이러한 부담 때문에 결국 경보가 내려지지 않았다. 그리고 도시는 아무런 경보 없이 일어난 지진으로 큰 피해를 입었다. 관리당국은 지진학자들에게 책임을 물어 소송을 걸었다. 지진 학계 내에서 오랫동안 벌어진

지진 논쟁은 지진학계를 넘어서 법률 적 문제로 확산되었다.[28]

이에 비해, 긴급지진속보가 발표되면 책상 밑으로 숨거나 설비를 땅과 떨어뜨리거나, 고속철의 속도를 잠시 줄이면 된다. 그래서 예보의 정확성이 부족해도 감수할 비용이 크지 않다. 예보가 빗나갔다면 책상 밑의 아이들은 다시 나오면 된다. 고속철은 다시 달리면 된다. 공장설비는 재가동되면 된다. 긴급지진속보의 수신자도 발신자도 빗나간 예보에 대해서 큰 부담을 지지 않아도 된다.

그래서 긴급지진속보를 통해 구축된 거래의 세계에서는 예보의 부정확함을 이유로 큰 책임을 지울 가능성이 적다. 빗나간 예보에 대해서 기상청의 공식사과가 있을지언정, 지진학자나 지진공학자가 소송에 휘말릴 가능성은 크지 않다. 긴급지진속보를 통해 도래한 거래의 세계는 정확함에 대한 요구와 신속함에 대한 요구를 구성원들 모두가 조금씩 양보하고 있다. 정확함과 신속함 모두를 책임져야 하는 부담을 구성원들이 나누어 갖 는 타협에 이르고 있다. 이러한 양보와 타협은 긴급지진속보 기술이 실현되는 혁신으로 이어졌다.

이렇게 볼 때, 디지털 메기의 서식지가 형성되는 과정은 기술 혁신과 더불어 집단들의 부담을 타협을 통해 분배해 나가

....

28) 『한겨레』, "'지진' 예측 실패한 과학자는 유죄, 무죄?," 2014.11. 11.

는 정치적 과정이기도 하다. 이 과정에서 디지털 메기의 서식
지는 더 많은 집단으로 확장되어 간다. 상호 감응하는 서식지
곳곳에서 메기의 목소리와 미소가 출몰한다. 디지털 메기는
한 곳에 있지 않다. 광대한 네트에 걸쳐서 어디든 디지털 메
기가 있다.

질서의 전령(傳令)
으로서의 메기

11. 네 번째 명제:
"메기는 세상을 바로 잡는다"

긴급지진속보 수신장치를 설치하고, 교육과 훈련을 진행하고, 자동 정지 시스템을 갖추었음에도, 거래의 질서가 쉽게 지진전달자 메기의 서식지에 자리 잡지는 못한다. 신속하지도 정확하지도 못한 '오보'가 여전히 발신되곤 한다. 침착하지 못하고 재빨리 행동하지도 못하면서 '공황', '불안'에 휩싸이거나 '무관심'으로 넘겨버리는 감정이 여전히 지배적이다. 이 '초단위' 세계의 구성원들은 계속되는 지진과 그에 따른 긴급지진속보를 체험하면서 질서를 잡아가는 의례 과정을 거쳐야 한다. 그럼으로써 신속하면서도 정확한 정보와 침착하면서도 재빨리 움직일 수 있는 감정을 자연스럽게 만드는 분위기를 갖추는 실험을 반복한다. 디지털 메기의 서식지를 이루는 사람과 장치의 몸에 이러한 정보와 감정이 흐르는 분위기를 마련하는 것이 질서 정치의 과정이라고 할 수 있다.

현대의 질서 구축이 첨단 정보기술을 통해 진행되고 있다고 한다면, 고대 일본의 질서 구축은 종교적 의례를 통해 진행되었다. 『고사기』(古事記)(오노 2007)에 실려 있는 스사노오와 아마테라스 신화는 재난-의례-질서로 이어지는 창조의 과정을 그리고 있다.

이자나기(伊邪那枝命)와 이자나미(伊邪那美命)는 혼돈의 바다 위에 섬들을 만들었다. 그리고 자신들의 자식들인 아마테라스(天照大神), 쓰쿠요미(月読命), 스사노오(須佐之男命)에게 각각 하늘과 밤과 바다를 다스리게 했다. 그런데 바다를 다스리라고 명을 받은 스사노오만은 이 질서정연한 세계를 구축하는 정치에 반항하는 재앙의 신으로 등장한다. 그는 바다의 나라를 다스리는 것을 거부하며 울어대다가 산과 바다를 메마르게 하고 온갖 재난을 일으킨다. 이자나기에 의해 추방된 스사노오는 다시 그의 누나 아마테라스가 다스리는 하늘로 올라간다. 스사노오는 이곳에서도 논두렁을 허물고, 고랑을 메우고, 농경의례의 성소를 더럽히고 베를 짜는 여인을 놀래 죽게 하며 온갖 악행으로 재앙을 불러일으킨다. 태양신인 아마테라스는 자신의 동생이 두려워 바위굴 속으로 숨어버렸다. 세상은 어둠으로 휩싸여 밤이 계속되었다. 만신(萬神)들은 아마테라스를 바위굴 밖으로 불러내서 빛과 질서를 얻기 위해 정교한 계획을 세운다. 광석을 캐서 대장장이에게 거울을 만들게 하고, 곡옥을 꿰서 목걸이 장식을 만들고, 사슴 뼈를 태워 점을 치고, 포목으로 바위굴 밖을 장식한다. 이러한 무대 장치 속에서 한 무녀가 음란하고 우스꽝스러운 춤을 추자 만신들이 일제히 웃는다. 그 소리를 듣고 아마테라스가 호기심으로 얼굴을 내민다. 다른 만신이 거울을 보여주며 아마테라스를 유인하고, 바위굴 옆에 숨어있던 또 다른 만신이 그녀의 손을 잡아 굴 밖으로 끌어냈다. 그러자 세상은 다시 밝아지고 새로운 질서가 세워졌다. 스사노오는 결국 만신들의 결의로 추방되었다. 하지만 스사노오는 현대 일본에 다시 찾아와서 대지진을 일으키고 일본을 혼돈에 빠뜨리고 있다. 신화 속에서는 종결되었던 질서의 정치는 이 새롭지만 오래된 혼돈과 함께 다시 시작된다.

신화에서는 거울, 곡옥, 사슴 뼈, 포목, 바위굴, 거울, 무녀의 춤이 의례 도구로 등장한다. 재난의 신을 추방하고 질서의 신을 불러내기 위해서 도구가 비치되고, 무대가 꾸며지고 만신이 공연하는 의례가 행해진다. 긴급지진속보의 구축이 재난의 혼돈으로부터 질서를 구축하는 정치적 과정이라는 점에서 신화와 긴급지진속보는 모두 의례 과정임을 알 수 있다. 하지만 긴급지진속보에서는 지진계, 알고리즘, 기상청의 서버, 유레룬이 그려진 포스터, 디지털 메기와 같은 수신기, 방재교육, 자동 설비, 훈련과 같은 장치들로 기술 의례가 행해진다. 그리고 큰 지진이 일어날 때마다 '정확함과 신속함의 거래'라는 새로운 질서를 구축하는 기술 의례가 반복된다.

2008년 4월 28일 새벽 2시 32분 오키나와현에서 미야코지마섬근해지진(宮古島近海地震, M5.2)이 일어났다. 그리고 사상 최초로 긴급지진속보가 발표되었다. 일본 기상청은 2시 32분 14초에 지진파를 감지하고 긴급 지진속보(예보)[29) 제1보를 2시32분19초에 "진도 4/오키나와현미야코지마"로 발표했다. 이후 12보까지 긴급지진속보가 이어졌다. 이 중에서 2시 32분 25초에 발표된 3보는 "진도 5약/미야코지마"로 발표되면서 일반대중에게 발신되는 경보로 격상되었다. 기상청에서 흔들림을 감지한 후 11초 후였다. 경보가 내려지자 NHK텔레비전과 라디오는 자동방송장치를 통해서 1초 후 긴급지진속보를 방송했다. 하지만 미야코지마에서는 이미 경보가 나오기 5~6초 전에 흔들림을 느끼고 있었다. 실제로 미야코지마 경찰서의 한 경찰관은 다음과 같이 증언했다. "흔들리고 있는 중에 텔레비전의 긴급지진속보를 보게 되었습니다."(渡辺 2008: 32) 그래서 긴급 지진속보의 명제 "흔들림이 오기 전에 안다"는 실현되지 못했다. 미야코지마 주민들은 '흔들리는 중'에 알았다.

NHK 이외의 방송을 시청하고 있던 사람들에게는 긴급지

....

29) 긴급지진속보는 다시 경보와 예보로 나뉜다. '긴급지진속보(경보)'는 최대 진도 6 약 이상의 흔들림이 예상되고, 강한 흔들림(진도 4 이상)이 예상되는 지역에 기상청이 발표한다. 흔히 알려진 쓰나미 경보나 호우 경보 비슷하게 NHK 등 텔레비전과 라디오를 통해서 일반 대 중에게 방송된다. '긴급지진속보(예보)'는 최대 진도 3 이상 또는 규모 3.5 이상으로 예상 될 때 발표한다. 전용단말기를 가동시키거나, 엘리베이터, 철도, 공장, 병원 등에서 흔들림 전에 기기를 정지시키는 데 활용된다. 예보의 이용자들은 일반 이용자와 구별해서 '고도 이용자'라고 부른다. 예보는 기상청의 허가를 받은 '예보업무허가사업자'가 주로 발송한다.

진속보가 더욱 늦게 전달되었다. 기상청 발표 후 54초가 걸린 류큐 방송은 오키나와현 나하시에 위치하고 있다. 방송국의 담당자는 흔들림을 느끼지도 못한 상태에서 "정말로 긴급지진속보가 맞나?"하는 생각으로 신중하게 기상청 속보를 확인했다. 그리고 수동으로 버튼을 눌러서 경보 방송을 내보냈다(渡辺 2008: 33). 긴급지진속보 시스템을 도입하고 이를 빠르게 방송하기 위한 훈련을 거듭해 왔지만, 처음 긴급지진속보를 접한 담당자들은 수십 초의 시간을 정보의 정확함을 확인하는 데 소모했다. 지진이 발생한 시각이 새벽 2시였고, 진도 5약일 것이라는 경보와는 달리 실제 진도는 4였기 때문에 미야코지마에 큰 혼란은 없었다.

정보(情報)는 "형식화"(in-formation)(Latour 2007: 223)이다. 하나의 형식에서 다른 형식으로의 "변형 가능성"(시몽동 2011: 197)이다. 변형과정에서 이전의 형식이 지니고 있던 힘 중에서 일부만이 다음 형식으로 이송된다. 정보의 탈락이 일어나지만, 새로 부여된 형식 덕택에 힘은 더 멀리 전달될 수 있다. 기상청으로부터 온 긴급지진속보가 방송국의 속보 방송이라는 형식으로 변형되는 과정에서 정보는 재가공되어야 한다. 그런데 신속한 방송으로 전환되어야 할 긴급지진속보는 정확성을 확인하는 담당자의 신중함 때문에 신속함을 포기한 정보가 되고 말았다. 방송국의 담당자는 그 속보를 신중하게 생각하는 새로운 단계를 만든 것이다. 훈련을 했지만 그것을 재빠르게 방송으로 넘기는 매개의 과정에서 '거래'의 질서에 맞는 형식이 여전히 갖추어져 있지 않았다.

자동화가 되었다고 해서 형식화의 문제를 완전히 해결하는 것은 아니다. 미야코지마근해지진이 일어나고 10일 후 이바라키현난바다지진(茨城滅沖地震, M7)이 일어났다. 인구밀도가 높은 간토지방에서 최초로 긴급지진속보(경보)가 발표되었다. 하지만 이번에는 흔들림이 간토 지역 곳곳에 도달한 후에야 경보가 발표되었다. 진도 5약을 기록했던 도치기현(栃木県)의 경우, 사람들이 흔들림을 느낀 지 40초 만에 경보가 발표되었다. 흔들림이 온 후에 속보가 발표되자 기상청은 해명에 나섰다. 기상청은 오전 1시 45분 33초에 지진파를 탐지했다. 고도이용자에게 발신되는 긴급지 진속보(예보) 1보는 1시 45분 43초에 '진도 4, 치바현북동부'로 발표되었다. 1보부터 8보까지는 모두 예보였다. 마지막인 9보에서는 '진도4부터 5약, 치바현북동부'로 발표되면서 일반에게 발표되는 긴급지진속보(경보)로 바뀌었다. 이 경보가 발표되었을 때는 이미 지진파를 감지한 후 59초가 흘러 1시 46분 32초가 되었다. 경보로 격상되는 시간이 너무 늦어져서 경보의 발표 역시 늦어졌다는 해명이었다.

기상청의 경보가 늦어지면서 방송국의 긴급지진속보 방송 역시 늦어졌다. NHK는 45분경 이미 아나운서가 지진속보방송을 했다. "오전 1시 45분 경 이바라키현 난바다를 진원으로 하는 지진이 일어났고, 관동에서 진도 3을 기록했습니다. 지금 스튜디오가 흔들리고 있습니다." 아나운서가 이 문구를 읽을 때 이미 방송국은 흔들리고 있었다. 하지만 이 방송은 긴급지진속보(경보)는 아니었다. 기상청에서 발표한 긴급지진속보(경보)는 46분 32초에 뒤늦게 전달되었다. NHK는 경보 발표 이후 1초 만에 긴급지진속보 방송을 내보내도록 자동화되어 있었다. 그래서 이미 흔들림이 지나간 후인 1시 46분 33초에 "긴급지진속보입니다. 강한 흔들림에 주의하세요."라는 자동 경보 방송을 내보냈다. NHK는 지진이 일어났음을 알리는 지진속보를 긴급지진속보(경보)보다 더 빨리 전달한 셈이 되었다. 그래서 흔들림이 지나간 후에 "흔들림이 올 것이다!"를 외쳐버린 결과가 되고 말았다. 2008년 5월 8일 석간신문들은 일제히 '긴급지진속보 또 맞지 않았다.' '긴급지진속보 또 기능하지 않다!'란 기사를 실었다(渡辺 2008:34-38).

2008년 6월 14일 오전 8시 43분에 일어난 이와테미야기내륙지진(岩手宮城內陸地震, M7.2)은 대규모 산사태와 사망자 13명, 행방불명 10명을 낸 큰 지진이었다. 피해가 컸지만, 긴급지진속보가 처음으로 유효한 정보가 된 지진이었다. 총 72회의 예보, 4회의 경보가 있었다. 동북 6현의 NHK와 민방 22국, 이와테미야기현의 NHK와 민방AM 2국, FM 2국이 경보방송을 했다. 휴대전화의 경우, NTT도코모, au by KDDI가 경보를 전달했다. 그리고 디지털 메기를 비롯한 긴급지진속보 전용단말기가 경보를 전달했다(渡辺 2008:39-41). 미야기현의 중학교에서는 교내방송으로 긴급지진 속보가 전달되자마자 학생들이 책상 아래로 기어들어갔고, 바로 흔들림이 오는 것을 경험했다. 흔들림이 멈추고 학생들은 운동장으로 대피했다. 이 과정에서 부상자는 한 명도 나오지 않았다. 미야기현의 한 병원에서는 긴급지진속보 단말기와 연결된 방송시스템을 통해서 긴급지진속보가 전달되었다. 병원 관계자와 환자들은 대응 훈련을 마친 상태였고 큰 피해를 피할 수 있었다.

이렇게 세 번째 지진의 사례에 이르러서 긴급지진속보는 흔들림보다 빨라지기 시작했다. 기상청은 단 한 곳의 지진계에 감지된 흔들림만으로 긴급지진속보(예보) 1보를 발신할 수 있도록 신속함을 개선시켜 왔다. 방송국들은 경보 방송을 수동에서 자동으로 변환하면서 신속함을 확보했다. 하지만 지진은 새로운 모습으로 다시 찾아온다. 긴급지진속보의 발표 수가 늘어나면서 정확함에 관련된 '오보'의 문제가 불거지게 되었다.

2008년 7월 14일 긴급지진속보(예보)를 제공하는 사업자가 '이바라키현난바다지진, 추정 진도 7, 추정 규모 12.7'이라는 믿을 수 없는 오보를 발신했다.[30] 이 정보를 수신한 도쿄도 도영 지하철 노선들이 모두 정지했다. 오보라고 판단된 이후에 운행이 재기되기는 했지만, 10분 정도의 지연이 발생했다. 아이치현의 중학교 기숙사에 설치된 전용 단말기가 가동되어

....

30) 気象庁, "7月14日19時41分に発表した高度利用者向け緊急地震速報(予報)について," http://www.jma.go.jp/jma/press/0807/14b/eew20080714.html(2016.11.12. 접속).

서 방송에 따라 학생들이 모두 책상 아래로 기어들어갔다. 흔들림의 도달 예상시간까지 모두 꼼짝 않고 책상 밑에 숨어 있었다. 그중에는 눈물을 글썽이는 아이도 있었다. 이 오보 사건 이후, 기상청은 허가를 받은 예보업무사업자에 대해 전수조사를 실시했다. 결과에 따라서 부정확 한 정보를 발신한 단말기를 회수하고 사업자에 대한 허가를 취소했다.[31] 2009년 8월 25일에는 진도가 크지 않은 작은 지진에 대해 긴급지진속보(경보)가 발표되었다. 기상청은 오보를 인정했다. 치바현의 한 관측점에서 진폭 데이터에 이상이 생겨서 지진 규모를 과대하게 계산한 것이 원인이었다.[32] 관측점에 기상청 직원을 파견해서 조사해보니, 전날인 24일 관측점 소프트웨어 수정을 의뢰받은 전기회사 직원이 의뢰받은 소프트웨어와 다른 소프트웨어를 무단으로 사용한 사실이 드러났다. 특히 진폭을 표시하는 단위가 '마이크로미터'에서 '밀리미터'로 잘못 입력되어서 진폭이 실제보다 크게 계산된 것임이 밝혀졌다.

2011년 3월 11일 동일본대지진 이후 동북지방을 중심으로 긴급지진속보의 발표에 이용되는 지진계의 다수에 이상이 생겼다. 기상청은 지진 데이터를 수집 할 수 없었다.[33] 이에 더

....

31) 気象庁, "一部の地震動予報業務許可事業者で発生した不具合への対処について," http://www.jma.go.jp/jma/press/0807/22a/0722jigyousyafuguai.html(2016.11.13. 접속).

32) 気象庁, "緊急地震速報(警報)の誤報について," http://www.jma.go.jp/jma/press/0807/14b/eew20080714.html(2016.11.11. 접속).

해서, 동일본대지진의 여진을 비롯해 수많은 지진이 동시에 발생해서 같은 시간에 발생한 두 지진의 데이터가 적절히 분리되지 못한 채 처리되곤 했다. 기상청은 정확한 긴급지진속보를 발표할 수 없는 상태임을 공지할 수밖에 없었다.[34] 2011년 12일 4시 24분부터 26분까지는 긴급지진속보(예보)가 81통이나 발표되었다. 기상청의 시스템이 동시에 발생하는 복수의 지진을 처리하면서 계산이 뒤얽힌 결과였다.[35] 오보는 계속되었다. 2013년 8월 8일 오후 4시 56분 기상청이 간사이 지방에 규모 7.8의 지진의 긴급지진속보(예보)를 발표했다. 고속철이 운행을 멈추고 공장의 설비가 정지하고 아이들은 책상 밑으로 들어갔다. 하지만 실제 흔들림은 진도 1 정도에 그치고 말았다.[36] 그런데 이 지진과 동시에 미에현 남동부 난바다의 해저지진계가 노이즈를 지진으로 받아들였다. 그래서

....

33) 気象庁, "東北地方を中心とした地域で発生する地震に係る 緊急地震速報(予報及び警報)の発表について," http://www.data.jma.go.jp/svd/eew/data/nc/oshirase/20110311.pdf(2016.11.11. 접속).

34) 気象庁, "的確な緊急地震速報(予報及び警報)の発表ができない状態が続いていることについて," http://www.data.jma.go.jp/svd/eew/data/nc/oshirase/20110312-2.pdf(2016.11.10. 접속).

35) 気象庁, "12日4時24分から26分ころに発表した緊急地震速報(予報)について," http://www.data.jma.go.jp/svd/eew/data/nc/oshirase/20110312.pdf(2016.11.10. 접속).

36) 気象庁, "8月8日16時56分頃の和歌山県北部を震源とする地震に関する緊急地震速報について," http://www.jma.go.jp/jma/press/1308/08b/0808_wakayama_eew.html(2016.11.1. 접속).

두 곳에서 지진을 감지한 것으로 계산되어서 큰 흔들림이 올 것이라고 예보하게 되었다. 기상청은 해저지진계에서 보내진 데이터를 중계하는 육상중계국의 광수신장치가 노이즈의 원인임을 밝히고 광수신장치를 교환했다.[37]

2016년 8월 1일 오후 5시에는 도쿄에 최대 진도 7의 흔들림이 온다는 긴급지진속보(예보)가 발표되었다. 도쿄만을 진원으로 하는 규모 9.1의 지진이 일어나서 간토 지역 전부가 진도 7로 흔들릴 것이라는 예보였다. 속보는 회원제로 운영되는 어플리케이션을 통해서 전송되었다. 속보를 받은 휴대폰 이용자들은 혼란에 빠졌다. 고속철은 멈춰섰으며 고층빌딩의 엘리베이터가 운행을 중지했다. 하지만 지진은 없었다.[38]

긴급지진속보는 전국에 배치되어 있는 지진계에 흔들림을 감지한 즉시 발송된다. 정보의 정확도를 높이기 위해 일반 이용자에게는 두 군데 이상의 지진계에서 흔들림을 감지하지 못할 시에는 발신하지 않는다. 단, 조금이라도 정보를 빨리 알고 싶은 '고도이용자'에게는 한 군데에서 감지한 즉시 발신하도록 되어 있다. 흔들림을 감지하는 지진계의 수가 늘어날

••••••••••••••••••••••••••••

37) 気象庁, "8月8日16時56分頃の緊急地震速報の過大な震度予想の原因と対処について," http://www.jma.go.jp/jma/press/1308/21b/0808_wakayama_eew2.html(2016.11.12. 접속).

38) 気象庁, "平成28年8月1日17時09 分頃に発表した緊急地震速報(予報)について," http://www.data.jma.go.jp/svd/eew/data/nc/oshirase/oshirase.html(2016.11.11. 접속).

수록 정확도가 높아진다. 그래서 한 군데의 지진계의 감지로 예보를 냈다가, 다른 지진계와 비교해서 흔들림이 없다고 판단되면 예보를 취소한다. 기상청의 해명에 따르면, 긴급지진속보의 신속함과 정확함의 거래에 따라 구축된 시스템에서 얼마든지 일어날 수 있는 일이다. 잘못된 예보를 발신한 지점의 지진계는 치바현에 있었고, 부근에 낙뢰로 인한 노이즈가 관측되었다.[39]

서로 감응하는 여러 몸과 장치 간에 정보가 흐르기 위해서는 정교한 변형 과정이 필요하다. 신속하면서도 정확하게 하나의 형식에서 다른 형식으로 변형되어야만 정보는 감응의 네트워크를 통해서 제시간에 옮겨 다닐 수 있다. 그래서 이 단계에서 중요한 것은 전달되는 힘보다는 정확하고 신속하게 정보가 전송되도록 하는 변형이라고 할 수 있다. 기상청의 알고리즘, 수신 단말기 개발자, 예보업무사업자, 계산기의 소프트웨어, 소프트웨어를 관리하는 전기회사 직원, 일본 전역에 배치되어있는 지진계, 동시에 일어난 지진을 분리해서 계산할 계산식, 해저 지진계, 육상중계국의 광수신장치, 휴대폰 앱, 낙뢰를 피해야 하는 관측점, 경보를 방송 속보로 바꾸는 자동 중계기 등 거래의 세계에 질서를 불러오기 위해 흔들림

....

39) 気象庁, "平成28年8月1日に発表した緊急地震速報(予報)の原因等について," http://www.data.jma.go.jp/svd/eew/data/nc/oshirase/20160812.pdf(2016.11.13. 접속).

[그림 18] 긴급지진속보와 감정: 포스터 아래에는 "긴급지진속보가 방송되면 침착하게 행동하세요."라고 적혀 있다(긴급지진속보 "옵션 포스터," http://www.super-rabbit.jp/pdf_other/option_poster.jpg (2016.11.30. 접속)).

을 새로운 형식으로 변형하는 수많은 지점들이 있음을 알 수 있다.

오보는 이런 지점들을 드러나게 한다. 그리고 제대로 힘을 변형할 수 있도록 개선하는 기회가 된다. 반복되지만 항상 달라지는 지진 하나하나는 모두 한 번의 실험이 되고 있다. 이 실험을 통해서 디지털 메기의 서식지를 구성하는 요소들 하나하나가 거래의 세계상을 담지하는 행위자가 되어가는 과정이 기술 의례라고 할 수 있다.

기술 의례에서 중요한 또 다른 하나는 구성원들이 상호 감응하는 몸을 매개로 감정을 공유하는 일이다. "흔들림이 오기 전에 안다."는 명제가 지진 피해의 감소로 이어지기 위해서는 곧 흔들림이 올 것을 알아차렸음에도 불구하고 두려움에 당황하지 않고 지나치게 서두르는 일 없이 대피할 수 있는 역량이 필요하다. 이 역량은 선생님, 병원의 관계자, 고속철 운행의 통제자 등 긴급지진속보를 통해 구축된 세계의 구성원들이라면 갖추어야 할 감정적 역량이라고 할 수 있다. 상호감응을 통해 서로 영향을 주고받는 네트워크에서는 감정이 개인 혹은 개체의 몸에 머무르지 않는다. 그래서 이 감정적 역량을 최대화하기 위해서 장치의 몸과 인간의 몸 간의 감응을 조정하는 일이 중요해진다.

감정의 흐름을 따라가면서 필자는 다시 유레룬과 마주치게 되었다. 그림 18에서 유레룬은 긴급지진속보를 수신하고 있는 중이다.[40] 그리고 그림 아래에는 "긴급지진속보가 방송되면 침착하게 행동하세요."라고 적혀 있다. 그래서인지 유레룬의 표정에 두려움이나 당황스러움이 보이지 않는다. 오히려 결연한 표정을 짓고 자신의 수신 안테나에 집중하면서 올려

....

40) 긴급지진속보 "옵션 포스터," http://www.super-rabbit.jp/pdf_other/option_poster.jpg(2016.11.30. 접속).

다보고 있다. 유레룬을 통해 발신된 정보가 구성원들에게 변형을 통해 이송된 것과 마찬가지로, 유레룬의 표정을 통해 드러나는 감정 역시 장치와 몸 간의 감응을 통해서 구성원들에게 전이될 수 있어야 한다.

NHK 등 여러 방송사에서 긴급지진속보 자막과 함께 울리는 경보음이 개발되는 과정은 감정이 이러한 상호감응에 의한, 마음 간의 움직임[精動]을 배려한 결과물이라는 점을 잘 보여준다. NHK 경보음 개발 과정에서는 다음과 같은 조건이 고려되었다. 첫째, 주의를 환기시키는 소리일 것. 둘째, 즉시 행동하고 싶어지는 소리일 것. 셋째, 기존에 존재하는 경보음과 다를 것. 넷째, 극도로 불쾌하지도 쾌적하지도 않으며, 그다지 밝거나 어둡지도 않을 것. 다섯째, 가능한 많은 청각장애인들이 들을 수 있을 것(筒井 2012).

사람들의 주의를 끌면서도, 듣고서는 빠르게 행동하고 싶어지게 하면서, 그렇다고 두려움을 불러일으키지도 않으면서, 가능한 많은 사람들에게 들릴 수 있는 소리, 이러한 소리가 장치의 몸과 사람의 몸 사이를 매개해야 하는 것이다. 특히 공포심으로 인해서 몸을 움직일 수 없는 인간의 심리에 대한 이론에 근거해서 경보음을 만드는 것이 중요하다는 점을 보여주고 있다. NHK 경보음은 주로 텔레비전 방송국 등 일반 대중에 발표되는 긴급지진속보(경보)에 사용되고 있다.

이러한 배려를 하지 않은 경우, 긴급지진속보는 오히려 겁에 질려 당황해서 꼼짝할 수 없는 상태를 유발하는 결과를

V. 질서의 전령(傳令)으로서의 메기

낳는다. NTT도코모사의 핸드폰에 장착된 긴급지진속보 경보음은 '주의를 환기시키는 소리'라는 점을 충족하고 있을 뿐, 나머지 조건을 고려하지 않았다는 점이 드러났다. 2016년 4월 14일 구마모토지진 발생 이후, 구마모토현내 피난소에는 많은 피난민들이 모여 있었다. 18일 밤에는 수십 번의 여진이 일어났다. 피난소에 있던 사람들의 핸드폰에서 경보음이 일제히 울렸다. 이미 14일의 지진으로 큰 충격을 받았던 아이들은 그때의 흔들림을 떠올리면서 '무서워'라고 호소했다. 이에 더해서, 구마모토지진은 내륙부의 직하지진이었기 때문에 흔들림과 긴급지진속보가 거의 동시에 도착하게 된다. 이미 흔들리고 있는 중에 울리는 휴대전화의 경보음은 피난소 사람들의 공포심을 증폭했다.

SNS 상에서는 NTT도코모사에게 경보음을 변경해 달라는 요구가 빗발쳤다. '불안을 일으키는 소리를 바꿔달라', '더 귀여운 소리로 바꿔라', '소리를 선택할 수 있도록 버전을 늘렸으면 좋겠다.' 하지만 경보음의 기능적 특징을 이해해야 한다는 의견 역시 팽팽했다. 이에 대해서, NTT도코모사의 해명은 다음과 같았다. 긴급지진속보 수신기능을 선택하지 않는 설정이 가능하다. 수신을 선택해도 진동모드로 바꿀 수 있다. 그리고 잡담 중에도 들리고 고령자에게도 들릴 수 있도록 전문가가 설계한 경보음이다. NTT도코모는 이와 같은 해명과 함께 경보음의 변경에 대한 계획이 없음을 밝혔다.[41]

기술 의례는 여전히 끝나지 않았다. 2016년 10월 21일 14시

07분에 일어난 돗토리현중부지진(M6.6)이 일어났을 때 고베현의 한 학교 강당에서는 디지털 메기의 서식지의 변경에서 여전히 혼란이 계속되고 있음을 보여주었다. 강당에서는 선생님과 학생들이 모여 총회를 하고 있었다. 도중에 수백 명의 학생들의 핸드폰에서 긴급지진속보 경보음이 여기저기서 울리기 시작했다. 흔들림이 오기 전까지 15초가 주어졌다. 학생들은 당황해서 꼼짝 못하고 앉아 있었고 회의 진행을 하던 선생님의 말이 끊겼다. 15초의 시간 웅성거리는 소리와 그대로 앉아서 아무도 대피 행동에 나서지 않았다. 그리고 마침내 강당이 흔들리고 강당 천장의 조명들이 흔들리기 시작했다. 두려움에 휩싸인 학생들은 동요하면서 어찌해야 할지 모르는 중에, 선생님들은 '조용히 하라'라는 말만 되풀이했다. 그리고 여전히 강당이 흔들리는 와중에도 선생님들은 의사진행을 이어갔다.[42] 신속한 정보는 그냥 흘러갔다. 당황스런 감정만 남았다. 그리고 아무런 행동도 취해지지 않았다. 이곳은 여전히 디지털 메기의 서식지에 편입되지 못한 변경으로 남았다.

····························

41) NHK의 경보음과 NTT도코모사의 경보음의 비교는 다음의 사이트 주소를 참고할 것. NHK의 긴급지진속보 경보음, https://www.youtube.com/watch?v=RWh5yV-SnZ4(2016.12.10. 접속).
NTT도코모사의 긴급지진속보 경보음, https://www.youtube.com/watch?v=4gZW7HRHJmM(2016.12.10. 접속).

42) 학교 강당의 상황이 담긴 동영상은 다음의 사이트 주소를 참고할 것. https://www.youtube.com/watch?v=F_VAHNDgBKc(2016.12.11. 접속, 2017.1.11. 현재 영상은 삭제되었다.).

에도 민중이 판화로 찍어낸 메기 그림에는 지진유발자 메기가 때려잡혀서 구워먹히는 그림도 있었지만, 지진으로 피해를 입은 민중을 구하고 부자로부터 부를 빼앗아 나누어주는 영웅적인 모습도 지니고 있었다. 지진으로 무너진 세상은 물론이고, 빈부격차와 외세의 위협으로 인해 무너진 세상의 도리를 바로 잡아주는 주술적인 존재로서 메기가 그려지고 있다. "세상을 바로잡는"(世直し)(박병도 2012) 힘을 지닌 메기는 현대에 이르러 지진예지자를 거쳐서 지진전달자가 되었다. 지진전달자 메기는 기술 의례의 전면에서 정보를 전달하고 감정을 유도하면서, 긴급지진속보에 담긴 신속함과 정확함의 거래로 질서 지워진 세계로 이끄는 안내자의 역할을 하고 있다.

이 책에서 메기를 주어로 하고 있는 여러 명제를 따라서 필자는 여기까지 왔다. 그리고 마지막으로 "메기는 세상을 바로잡는다."라는 명제에 도달하게 되었다. 이 마지막 명제는 에도 시대 메기 그림 속의 메기, 실험실에서 작성된 논문 속의 메기, 긴급지진속보의 포스터와 장치 위의 메기 모두를 포함하는 명제이다. 메기는 각각의 시대와 장소에서 서로 다른 방식으로 세상을 바로잡아 왔다. 신적 영웅으로, 실험실의 대상으로, 정보를 전달하는 디지털 장치로 변신하면서 세상을 바로잡는 안내자 역할을 해 왔다.

11. 느낌, 정동, 정보, 감정

필자는 변신 메기를 따라 왔다. 그리고 일본 긴급지진속보의 세계로 들어왔다. 이곳에서 '신속함과 정확함의 거래'의 세계상에 마주하게 되었다. 그리고 이 세계상에 활력을 불어넣는 신속·정확한 정보와 침착한 감정을 시도하는 분위기 속으로 들어왔다. 이 분위기에서 큰 지진이 일어날 때마다 질서를 회복하기 위한 기술 의례가 반복됐다. 기술 의례 과정을 통해서 장치의 것이든 사람의 것이든 여러 몸이 상호감응 하면서 긴급 지진속보라고 하는 새로운 질서의 '섬'을 구축하고 있음을 보았다. 디지털 메기의 서식지이기도 한, 이 '섬'은 여전히 확장하고 있다. 아직 긴급지진 속보를 수신해도 당황해서 꼼짝하지 못하는 사람들이 얼마든지 있다. 지진이 일어날 때마다 새로운 양상으로 오보가 반복되고 속보를 무시하는 사람들도 얼마든지 있다. 그런데도 "흔들림이 오기 전에 안다."라고 하는 가능성의 느낌은 더 많은 사람과 사물에 기술 의례를 통해 전이되어 가고 있다.

'장치 한가운데서의 삶'을 다음과 같이 정리할 수 있다. 장

V. 질서의 전령(傳令)으로서의 메기

치 한가운데 서의 삶은 장치와 접속할 수 있고 그 접속을 이해하면서 삶을 살아가는 역량을 가진 사람들의 삶이다. 이러한 삶에서 장치는 단순히 몸짓을 수행하기 위해 몸의 일부를 늘리는 연장(toolkit)에만 머물지 않는다. 장치는 세계를 더 분명히 지각하고 이를 위해서 몸을 변형시켜 다른 몸들과 접속하게 만들어주는 도구(instrument)이자 매개자이다.43) 이 접속을 통해서 장치의 몸과 인간의 몸은 서로 감응하면서 "흔들림이 오기 전에 안다."와 같은 명제적 느낌을 실현하는 정보와 감정을 생산해 낸다. 가능성의 느낌에서 시작해서 감응과 정동으로, 감응과 정동에서 다시 정보와 감정이 흐르는 분위기를 가능하게 하는 것은 이 몸의 변형, 바로 변신이다. 느낌[感], 마음[情], 알림[報]을 서로 응(應)하게 하고 동(動)하게 하는 것은 모두 변신(變身)이었다. 내가 따라온 메기들은 이러한 변신의 가능성을 내보이는 안내자이자 그 가능성을 실현한 결과물이었다.

문화 개념은 장치와의 접속을 통해서 변신하는 여러 몸을 기술할 수 있었는가? 산업사회 이후의 기계들, 정보기술과 인공지능 이후의 첨단 장치들이 문화 개념을 통해 배려받을 수 있는가? 나는 이 장의 서두에서 이미 문화 개념이 장치와의 접속과 이를 통한 변신에 대해 일종의 방어기제로 작동해 왔

....

43) 연장과 도구의 구별에 대해서는 시몽동(2011: 166)의 구분을 참고했다.

음을 지적한 바 있다. 기술로부터의 소외, 장치로부터의 소외에 대한 두려움은 문화 개념을 통해서 '인간적인 것'을 방어하고자 하는 움직임으로 연결된다. 그로 인해 파생되는 것으로, 느낌, 정동, 감정, 몸 등은 '인간만이 가질 수 있고', '기계장치는 모르는' 것들로 간주된다. 기계의 느낌, 정동, 감정, 몸[機體] 연구는 문화연구의 범위에서 벗어난 것으로 여겨지게 한다.

　필자는 인간적 영역을 방어하기보다는 차라리 메기를 따라서 연쇄적인 몸들의 접속을 따라왔다. 방어 대신 관계로, 배제 대신 포함으로 장치들을 사람들의 몸과 함께 기술했다. 그럼으로써, 장치와 사람의 접속을 통해서 느낌, 정동, 정보, 감정이 생성되는 과정을 보여주었다. 인간과 장치는 '함께 느끼고', '함께 동하고', '함께 아는' 존재론적 동반자였다. 그래서 이 메기 그림 이야기에서 아무리 많은 장치가 등장해도 인간이 배제된 모습은 보이지 않는다. 필자가 제시하고 있는 기술 의례의 장치들은 '인간성'을 위협하기보다는 오히려 명제적 느낌을 실현할 가능성을 제공해 주었다. 상호감응과 정동을 이 가능성의 실현을 위한 정보와 감정으로 변형하고 조절하는 데 협조했다.

　물론, 나는 생명으로서의 인간과 기계를 완전히 같은 것으로 보는 것은 아니다. '정확함과 신속함의 거래'라고 하는 새로운 세계상을 제시하고, 예지 및 예측과 구별되는 예지의 세계를 발명한 것은 모두 인간이다. 기술 의례에서 드러난 점은 네트워크의 곳곳에서 단말기 공급자, 관측점 프로그램 점검자, 방재교육을 하는 선생님, 방송국의 속보 담당자, 심리를 고려한 알람음 개발자 등 여러 장치와 사람들 간의 관계를 조정하는 사람들이 있다는 것이다. 긴급지진속보의 네트워크가 기술 의례를 통해서 실험될 수 있었던 것은 장치들의 배치만으로 질서지워지지 않는 비결정성이 여전히 남아있기 때문이다. 디지털 메기의 서식지는 열린 세계로서 인간의 행위를 통해 개선되거나 와해될 수 있는 여지가 있다. 장치 한가운데서의 삶에는 이러한 여지와 비결정성에서 비롯되는 실험적 변신 역시 포함된다. 그리고 인간은 이 실험적 변신의 귀재이다.

이제 장치와 더불어 사는 삶을 이해할 수 있게 해주는 새로운 말이 필요하다. 필자는 이미 기술 의례가 장치와의 접속을 통해서 삶의 질서를 구축 해내는 과정임을 제시했다. 기술 의례에서는 실험이 실증적 실험에 그치지 않는다는 점이 드러났다. 오보는 새로이 고려해야 할 요소들을 드러냈다. 그리고 이 요소가 서식지 어딘가에 제대로 배치될 수 있도록 네트워크의 모든 구성원이 조금씩 변신해야 했다. 그래서 하나하나의 지진에 따라 진행되는 기술 의례는 새로운 세상을 시험하는 실험이 된다. 질서를 확인하는 의례를 제의라고 부를 수 있다. 그런데 기술 의례 과정에서는 제의가 기존의 질서를 확인하는 데 머물지 않고, 새로운 질서를 실험하는 제의가 되고 있다. 그래서 기술 의례에서는 실험과 제의를 함께 생각해 볼 필요가 있다. '실험적 제의'는 기술 의례를 통해 새로운 세계를 창조하는 과정이라 할 수 있다. 실험적 제의가 진행되는 세계는 과학의 영역도 아니고 종교의 영역도 아니다. 여러 몸의 접속을 통해서 새로운 기술도, 종교도, 과학도, 윤리도 다시 쓰이는 새로운 세계를 창조하는 과정이라 할 수 있다.

13. 기술 의례와 실험적 제의

메기를 따라온 필자와 같은 연구자는 메기가 첨단 장치가 되었다고 해서 그 메기에 무심할 수도, 무지할 수도, 무관할 수도 없다. '장치 한가운데서의 삶'이란 말은 삶(생존, 생활, 생명, 생태)이 장치를 매개로 이뤄진다는 점을 강조한다. 그래서 디지털 메기의 일상으로의 개입에 다음과 같은 마지막 질문을 덧붙인다.

인류학자는 디지털 메기라는 존재에 대해 잘 이야기해 줄 수 있는가, 인류학자는 '장치 한가운데서 살아가는 방식'을 말해 줄 개념을 갖고 있는가? 필자는 기술과 종교를 아우르는 실천을 일컫는 말로 "테크노-토테미즘"(이강원 2016)이란 말을 제시한 바 있다. 이 연구에서 동행하는 디지털 메기 역시 테크노-토테미즘의 연장선상에 있으며, 그 여정의 끝에는 문화와 기술로 이분되기 전 실천을 일컫는 말이 기다리고 있다. 필자는 그 실천을 일컫는 말로 '기술 의례'와 '실험적 제의'를 제안한다.

의례(ritual)는 일정한 양식에 따라 반복되는 행위이다(밀러

2014: 237-238). 신성한 의례든 세속적 의례든, 주기적 의례든 비주기적 의례든, 그 핵심은 일정한 양식에 따라 행위를 반복한다는 데 있다. '기술 의례'는 장치 한가운데서의 삶에서 실천되는 의례를 말한다. 기존의 의례에 비해 기술 의례에 더해진 것은 장치이다. 한 장소에서 상징적 힘을 발휘하는 의례 도구와는 달리, 장치는 실험을 통해 향상되고 다른 장치와의 접속을 통해서 여러 장소로 정보를 전달한다. 일정한 양식의 반복 행위라는 점에서 공통점을 지니지만, 장치를 매개로 하는 기술 의례는 정보의 흐름을 통해서 먼 곳에 떨어져 있는 성원들이 상호 감응하는 네트워크를 통해 실천된다.

'실험적 제의(rite)'는 새로운 양식에 따라 기술 의례를 실천하는 행위의 집합을 말한다. 기존의 양식을 따르는 데 머무르지 않고, 새로운 양식을 실현하기 위해서 시험을 반복하는 실천이다. 양식에 따른 반복적 행위가 아니라 반복적 행위를 통해서 양식을 생성한다. 그래서 구성원들에게 일상적인 역할과 관행의 정당성을 재확인시켜주고 사회로 재통합시키는 의례(Turner 1969)와 차이가 있다. 실험적 제의에 참여하는 구성원은 기존의 역할과 관행에서 벗어나기 위해 변신의 길을 택한다. 실험적 제의에서 중요한 것은 새로운 장치의 개발 혹은 발명이다. 새로운 장치와 접속하는 행위 자체가 반복적인 행위를 통해 차이를 생산하는 방법이기 때문이다. 이상의 논의에 따라서 디지털 메기의 이야기는 다음과 같은 순서로 전개되었다.

V. 질서의 전령(傳令)으로서의 메기

이야기에서 다룬 첫 번째 명제는 "메기는 흔들림이 오기 전에 안다."이다. 이 명제는 2007년 일본에서 긴급지진속보 서비스가 개시되면서 지진과 메기의 새로운 연합을 매개하며 등장했다. 1995년 고베대지진은 지진예지가 당시로서는 불가능하다는 결론을 내리게 했다. 2011년 동일본대진재와 2016년 구마모토지진은 장기적 지진동 예측 역시 피해를 줄이는 데 도움이 되지 않는다는 비판을 불러왔다. 이러한 좌절과 절망 속에서 긴급지진속보라는 제안은 새로운 느낌[感]에 대한 유혹으로서 일본 내의 수많은 사람과 사물을 끌어들이고 있다.

"메기는 흔들림이 오기 전에 안다."는 가능성을 느끼는 사람과 사물은 '정확함과 신속함의 거래'(trade-off)라고 하는 새로운 세계상을 공유했다. 이 세계상에 따라 관측점, 연구소, 기상청, 철도, 공장, 학교, 가정집, 스마트폰, 사용자협회 등 관련 집단들이 장치를 매개로 서로 감응(感應)하는 정동(情動)의 연합을 이룰 수 있게 되었다. 그럼으로써 디지털 메기의 서식지는 단순히 하나의 장치에 그치지 않고 연합을 이룬 네트워크의 모든 곳에 펼쳐지게 되었다.

이 책이 다루는 마지막 명제는 "메기는 세상을 바로잡는다."였다. 세상을 바로잡는 과정은 의례를 통한 반복과 반복을 통해 생산되는 차이를 통해서이다. 나는 이 과정을 '기술 의례'라고 불렀다. 지진이 일어날 때마다 긴급지진속보가 발송된다. 긴급지진속보는 집단들이 행하는 형식화를 통해서 한 장소에서 다른 장소로 이동[情報]될 수 있다. 그리고 이러한 긴급한 정보가 초래하는 감정(感情)을 통제하는 행위규범을 공유함으로써 심적 부담을 분산한다. 지진이 일어날 때마다 이러한 형식화와 이동 그리고 부담의 분배는 '의례히' 반복된다. 이 의례적 기술을 통해서 정보는 신속하면서도 정확해질 것이 기대된다. 그리고 감정과 행동은 침착해지면서도 기민해질 것이 기대된다.

디지털 메기를 매개로 한 기술 의례에서는 실험이 실증적 실험에 그치지 않고 새로운 세상을 시험하는 실험이 되었다. 또한 제의가 기존의 질서를 확인하는 데 머물지 않고, 새로운 질서를 실험하는 제의가 되었다. 그래서 기술 의례에서는 실험과 제의를 함께 생각해 볼 필요가 있었다. '실험적 제의'는 기술 의례를 통해 새로운 세계를 창조하는 과정이라 할 수 있다.

인류학자는 메기 그림을 통해 나타난 창조적 전진을 기술함으로써 인류의 생존 가능성을 돌보는 역할을 맡는다. 그리고 가능성에 따라 변신하는 인류의 잠재력을 찬양한다. '가능성을 돌보고', '잠재력을 찬양하는' 것이 필자가 생각하는 민족지 기술의 이론적·실천적 의의이다. 인류학자는 '단순한' 기술만으로 이런 일을 할 수 있다.

V. 질서의 전령(傳令)으로서의 메기

참고문헌

김범성, 2012, "'지진 예보'의 꿈과 현실,"『일본비평』7: 140-167.

김찬호, 2008,『휴대폰이 말하다: 모바일 통신의 문화인류학』, 서울: 지식의 날개.

김효영·박진완, 2013, "문화콘텐츠 특수성을 반영한 문화기술 (CT) 분류체계 연구,"『한국콘텐츠학회논문지』13(5): 183-190.

들뢰즈, 질, 이정우 역, 1999,『의미의 논리』, 한길사.

밀러, 바바라, 홍석준 외 역, 2014,『글로벌시대의 문화인류학』, 서울: 시그마프레스.

문창옥, 2000, "예측명제의 합리성: 흄과 화이트헤드의 경우,"『화이트헤드연구』3: 51-72.

박규태, 2004, "무신(武神)에서 지진의 수호신으로: 카시마(鹿島) 신궁과 나마즈에,"『종교문화비평』5: 259-279.

박병도, 2012a, "나마즈에[鯰繪]에 나타난 일본의 지진신앙과 그 변모,"『역사민속학』40: 189-227.

_____, 2012b, "일본 지진신앙과 나마즈에(鯰繪) 연구: 1885년 안세이 지진과 요나오시(世直し)," 서울대학교 석사학위논문.

시몽동, 질베르, 2011,『기술적 대상들의 존재 양식에 대하여』, 서
    울: 그린비.

오노, 야스마로, 2007,『고사기: 신화와 사실의 접속으로 구현된
    고대 일본의 기록』, 서울: 고즈윈.

이강원, 2012, "공공의 지구: 일본 방재과학기술과 지진 재해의
    집합적 실험," 서울대학교 박사학위논문.

＿＿＿＿, 2012, "지구를 연구소로 들여오기: 일본 방재과학기술에
    서 지진의 재현과 지정학,"『비교문화연구』18(2): 129-
    174.

＿＿＿＿, 2013a, "과학기술인류학과 자연의 정치: 문화상대주의와
    총체성을 넘어서,"『한국문화인류학』46(1): 43-92.

＿＿＿＿, 2013b, "'젠더'와 트랜스섹슈얼리즘: 성전환에 대한 인류
    학적 연구, 인류학에 대한 성전환적 연구,"『비교문화연
    구』19(1): 5-39.

＿＿＿＿, 2014, "재난은 세계의 수를 늘린다: 일본 방재과학기술과
    지진재해의 상연(上演),"『한국문화인류학』47(3): 9-64.

＿＿＿＿, 2016, "메기와 테크노-토테미즘: 지진유발자에서 지진예
    지자로,"『한국문화인류학』49(1): 197-234.

이선화, 2015, "초원을 나는 닭(草原飛鷄): 중국 내몽고 초원 사막
    화 방지의 생태정치," 서울대학교 박사학위논문.

임소연·하대청·이강원, 2013, "민족지 연구의 장치로서의 반대:
    새 현장 연구 사례를 중심으로,"『한국문화인류학』46(3):
    123-164.

화이트헤드, A. N., 오영환 역, 2005,『과정과 실재』, 서울: 민음사.

アウエハント, C., 2013,『鯰絵: 民俗的想像力の世界』, 岩波書店.

浅野, 昌充, 1998, "電気を感覚する魚-ナマズ,"『地震ジャーナル』

26:52-59.

浅野, 昌充・功羽生, 1987, "ナマズ小孔器が電気受容器であることの証明,"『Bulletin of Tohoku National Fisheries Research Institute』49: 73-82.

江川, 紳一郎, 1991, "ナマズと地震予知,"『地震ジャーナル』12: 8-14.

岡田, 憲夫, 2009, "総合的な災害リスクマネジメント：親父の総合力・包容力,"『災害のことわざシリーズ1—地震、台風、火事、おやじ』, 京都大学防災研究所 平成21年度公開講座.

河田, 惠昭, 2009, "メディアのBCP,"『巨大複合災害とその減災戦略—防災・減災と報道の役割—』, Technical Report DRS-2008-02.

北原, 糸子, 2013,『地震の社会史: 安政大地震と民衆』, 吉川弘文館.

小野, 秀雄, 1960,『かわら版物語—江戸時代マスコミの歴史』, 雄山閣.

永田, 俊光・木村, 玲欧, 2013, "緊急地震速報を利用した「生きる力」を高める防災教育の実践-地方気象台・教育委員会・現場教育の連携のあり方,"『地域安全学会論文集』19: 81-88.

筒井, 信介, 2012,『ゴジラ音楽と緊急地震速報: あの警報チャイムに込められた福祉工学のメッセージ』, ヤマハミュージックメディア.

東海大学地震予知研究センター, 2006, "ナマズの行動と刺激要素に関する研究—地震とナマズの関係解明に向けて—," 研究報告, 東海大学.

野田, 洋一・紳一郎 江川・年恭 長尾, 2004, "東京都水産試験場実施のナマズと地震の関係に関する研究の変遷,"『東海大学

海洋研究所研究報告』25: 91-110.

宮田, 登・衛高田, 1995, 『鯰絵: 震災と日本文化』, 里文出版.

矢守, 克也, 2009, "再論-正常化の偏見," 『実験社会心理学研究』 48(2): 137-149.

渡辺, 実, 2008, 『緊急地震速報: そのとき、あなたは、どうします か?』, 角川SSコミュニケーションズ.

Asano, M., and I. Hanyu, 1986, "Biological significance of electr-oreception for a Japanese catfish," *NSUGAF* 52(5): 795-800.

Geller, R. J., 2011, "Shake-up time for Japanese seismology," *Nature* 472(7344): 407-409.

Latour, B., 2004, *Politics of Nature: How to Bring the Sciences into Democracy*, Cambridge, Mass: Harvard University Press.

Latour, Bruno, 2007, *Reassembling the Social: An Introduction to Actor-Network-Theory*, Oxford: Oxford University Press.

_____, 2010, *On the Modern Cult of the Factish Gods*, Durham and London: Duke University Press.

Ouwehand, C., 1964, *Namazu-e and Their Themes: An Interpretative Approach to Some Aspects of Japanese Folk Religion*, E.J. Brill.

Shaviro, S., 2014, *The Universe of Things: On Speculative Realism*, Minnesota: University of Minnesota Press.

Stengers, I., 2005, "The cosmopolitical proposal," in Latour, B. and P. Weibel(eds.), *Making things public: Atmospheres of democracy*, Cambridge, Mass: MIT Press, pp. 994-1003.

_____, 2011, *Cosmopolitics II*, Minnesota: University of Minnesota Press.

Turner, Victor W. 1969, *The Ritual Process: Structure and Anti-*

참고문헌

Structure, Chicago: Aldine.

Wu, Yih-Min, H. Kanamori, R. M. Allen, and E. Hauksson, 2007, "Determination of earthquake early warning parameters, Tau c and Pd, for southern California," *Geophysical Journal International* 170(2): 711-717.

Wu, Yih-Min, and H. Kanamori, 2008, "Development of an earthquake early warning system using real-time strong motion signals," *Sensors* 8(1): 1-9.

〈자료〉

『한겨레』, "'지진' 예측 실패한 과학자는 유죄, 무죄?," 2014.11.11.

『緊急地震速報スーパーガイド: 「効果」への疑問にすべて答える!システム導入の手引書』, "岩手・宮城内陸地震で実証された成果—緊急地震速報の新たな可能性—," アース工房, 2008.

気象庁, "報道発表資料," http://www.jma.go.jp/jma/press/hodo.html (2016.11.10.~12.20. 접속).

京都市防災会議, 2011, 『京都市地域防災計画—震災対策編』, 京都市.

『現代ビジネス』, "「地震予知はムダ。いますぐやめたほうがいい」東大地球物理学者の警告," 2016. 4. 21.

緊急地震速報利用者協議会, "緊急地震速報のロゴマークとピクトグラムの制定," http://www.jmbsc.or.jp/hp/topics/0707/logo_pict0707.pdf (2016.11.15. 접속).

デジタルなまず, "気象庁緊急時神速報受信装置デジタルなまず," http://www.digitalnamazu.com/ (2016.12.13. 접속).

内閣府中央防災会, "2013.6.28. 中央防災対策 第2回 中央防災会議議事録," http://www.bousai.go.jp/kaigirep/chuobou/2/giji

roku.html (2016.12.1. 접속).

『ニュートン―想定される日本の大地震』, "あなたの家は地震に
　耐えられるか," 和田, 章, 2006.

찾아보기

| 지은이소개 |

이강원

고려대학교 일어일문학과를 졸업한 후 서울대학교 인류학과에서 도시 공공 공간의 배제와 전유에 관한 연구로 석사학위를 받았다. 일본 교토 대학교의 방재연구소(DPRI)에서 1년 3개월 민족지 연구(ethnographic research)를 진행한 후 「공공의 지구: 일본 방재과학기술과 지진 재해의 집합적 실험」으로 서울대학교에서 인류학 박사학위를 받았다.
카이스트 과학기술정책대학원 박사후과정과 카이스트 재난학연구소 연구교수를 거쳐 현재는 인천대학교 일본지역문화학과에서 가르치고 있다. 과학기술, 재난, 도시에 관한 인류학적 연구를 통해 《재난과 살다: 대지진에 대비하는 일본 방재과학의 집합실험》과 《담을 두른 공원: 서울 도심공원 민족지 연구를 통해 본 도시 공공 공간의 의미》 등의 저서를 발표했으며, 과학과 신화의 교차, 기술과 예술의 연합에 주목하며 기후 위기 속에서 생성되는 행성적 삶을 탐구하고 있다.

지진 메기 연합

일본 민속과 과학 속의 테크노-토테미즘

초판 인쇄   2022년 11월 20일
초판 발행   2022년 11월 30일

지 은 이 | 이강원
펴 낸 이 | 하운근
펴 낸 곳 | 學古房

주   소 | 경기도 고양시 덕양구 통일로 140 삼송테크노밸리 A동 B224
전   화 | (02)353-9908 편집부(02)356-9903
팩   스 | (02)6959-8234
홈페이지 | http://hakgobang.co.kr/
전자우편 | hakgobang@naver.com, hakgobang@chol.com
등록번호 | 제311-1994-000001호

ISBN 979-11-6586-490-3 93910

값 : 13,000원

■ 파본은 교환해 드립니다.